西南国际法学术文库

国际法学术文库

张晓君 邓瑞平 总主编

文化产品国际贸易法律问题研究

Study on Legal Issues in the International Trade of Cultural Products

张华 著

厦门大学出版社
XIAMEN UNIVERSITY PRESS
国家一级出版社
全国百佳图书出版单位

"西南国际法学术文库"编委会

（按姓氏笔画排列）

丁丽柏　王玫黎　王　衡　邓瑞平
刘想树　张晓君　赵学清　徐　泉

总 序

在全球化的国际大背景下,思想创新显得尤为重要。"西南国际法学术文库"是由西南政法大学国际法学院推出的致力于发掘和推介具有学术性、前沿性、创新性和思想性的学术论著系列。西南政法大学国际法学院围绕学校"十二五"期间"双进双突"目标,秉持"错位竞争、特色发展"的整体思路,以培养国际型卓越法律人才为目标。她所依托的国际法学学科筚路蓝缕,将与其他法学学科共同在人才教育和科研领域写下浓墨重彩的篇章。

法学教育的本质是精英教育。为适应世界多极化、经济全球化深入发展和国家对外开放的需要,国家已经开始实施卓越法律人才教育培养计划,将培养涉外法律人才作为突破口,创新与实务部门和海外单位联合培养的机制,以培养出具有国际视野、通晓国际规则,能够参与国际法律事务和维护国家利益的法律职业人才。西南政法大学及其国际法学院已为此展开行动,与有关中央部委合作,努力探索高等教育大众化背景下的法学精英教育之路。

法学教育的实施要以学科发展为平台。西南政法大学国际法学科是目前中国西部地区唯一的国际法专业博士学位点,具备本科、硕士、博士和留学生等完整的人才培养层次,已成为西部地区高端国际化法律人才的培养基地。学院着力打造中国与东盟法律研究、海洋法律政策研究和WTO案例教学研究三大学术平台,以此作为科研创新、学科建设和人才培养的重要依托。

法学教育以高素质、高水平的师资队伍为基础。西南政法大学国际法学院围绕学术建设平台打造团队,并以各类科研项目为载体,支持学科梯队各级人才的科研工作,致力于打造一支规模相当、结构合理、质量优良、可持续发展的教学科研团队,促进学科学术繁荣,提升学术研究质量。

"西南国际法学术文库"坚持独立、自主、自律的学术原则,坚持开放、择优的遴选原则,力求推出能够反映国际法学科领域内具有创新性和前瞻性的、符合学术规范的科研精品,不断带动、提升国际法学科整体的科研能力。既推崇具有前瞻性的理论创新之作,也欢迎沉潜精严的专题研究著作,鼓励不同领域、不同学派、不同风格的学术研究工作的同生共存,融会交叉,以推进国际法学科的健康发展。"精品"是我们倡导的方针和努力的目标,是否名实相符,真诚期待学界的检阅和评判。

"西南国际法学术文库"的推出,彰显了西南政法大学持之以恒的"心系天下、自强不息、和衷共济、严谨求实"的治学精神,见证了西南政法大学国际法学院不断推动教学科研团队建设的艰苦努力,昭示了西南政法大学国际法学人传承西南政法学术薪火的决心,展现了西南政法大学国际法人才梯队汲汲于学术的最新成果。

愿这套文库伴随西南政法大学国际法学院的发展脚步,不断迈向新的高度。

是为序。

西南政法大学国际法学院国际法学科负责人、教授　邓瑞平

2012年初夏于重庆两江新区

目录 CONTENTS

内容摘要

导 论 /1
 一、选题的背景与研究意义 ································ 1
 二、国内外研究现状综述 ································ 2
 三、研究的内容及研究方法 ································ 4

第一章 概说 /6
第一节 文化产品的概念 ································ 6
 一、文化 ································ 6
 二、文化产业 ································ 8
 三、文化产品 ································ 10
第二节 文化产品的价值 ································ 12
 一、文化产品的经济价值 ································ 13
 二、文化产品的文化价值 ································ 14
 三、文化产品的政治价值 ································ 15
第三节 文化产品国际贸易 ································ 17
 一、文化产品国际贸易的界定 ································ 17
 二、文化产品国际贸易的流通概况 ································ 19
 三、影响文化产品国际贸易流通的因素 ································ 23
本章小结 ································ 24

第二章 文化产品国际贸易的国际规则 /26
第一节 世界贸易组织的规则 ································ 26
 一、GATT 与 GATS ································ 27
 二、WTO 规则下的市场准入 ································ 29
 三、WTO 规则下的国民待遇 ································ 31
 四、WTO 规则下的例外 ································ 34
第二节 联合国教科文组织的规则 ································ 35
 一、促进教育、科学和文化性质的视听材料国际流通的协定 ································ 36
 二、教育科学文化物品进口协定及议定书 ································ 36
 三、保护和促进文化表现形式多样性公约 ································ 41
第三节 其他国际协定 ································ 46
 一、双边协定 ································ 46
 二、区域协定 ································ 48

三、其他普遍性国际协定 …………………………………………… 51
本章小结 ……………………………………………………………… 52

第三章　文化产品贸易中的数字化文化产品问题 /54

第一节　数字网络环境中的文化产品 …………………………………… 54
一、市场模式的变化 ………………………………………………… 54
二、内容的创作、销售以及获取模式的改变 ……………………… 56
第二节　数字化文化产品贸易中的关税问题 …………………………… 57
一、传统贸易环境下的关税 ………………………………………… 57
二、数字化文化产品征收关税存在的困难 ………………………… 57
三、WTO暂时免征关税计划 ……………………………………… 58
四、暂时免征关税的缺陷 …………………………………………… 59
五、暂时免征关税的实质 …………………………………………… 62
第三节　数字化文化产品的归类问题 …………………………………… 63
一、问题的起因 ……………………………………………………… 63
二、数字化文化产品适用GATT的主张 …………………………… 65
三、数字化视听产品属于服务的观点 ……………………………… 67
四、数字化产品贸易适用 …………………………………………… 70
五、混合方案——数字化视听产品属于GATS却享有GATT待遇 … 71
六、WTO对数字化产品贸易归类问题的分析 …………………… 71
本章小结 ……………………………………………………………… 72

第四章　文化产品贸易与文化政策措施 /74

第一节　文化政策措施 …………………………………………………… 74
第二节　文化政策措施的种类 …………………………………………… 76
一、补贴 ……………………………………………………………… 76
二、许可要求 ………………………………………………………… 77
三、内容要求 ………………………………………………………… 77
四、税收措施 ………………………………………………………… 78
五、所有权规定 ……………………………………………………… 78
第三节　文化政策措施的合理性 ………………………………………… 79
一、文化产品市场 …………………………………………………… 79
二、外部因素 ………………………………………………………… 80
三、文化政策措施的必要性 ………………………………………… 81
四、文化政策措施的实例分析 ……………………………………… 83
本章小结 ……………………………………………………………… 84

第五章　文化产品贸易规则中的例外规定 /86

第一节　文化产品的例外 ………………………………………………… 86
第二节　文化产品例外——自身例外 …………………………………… 87
一、自身例外条款的范围 …………………………………………… 87
二、GATT 1994第3.2条规定的同类文化产品 …………………… 88
三、GATT 1994第4条电影片的特殊规定 ………………………… 91

第三节 文化产品例外——一般例外 93
 一、一般例外条款 93
 二、公共道德的界定 94
 三、公共道德的解释方法 95
 四、美国赌博案中的公共道德 96
 五、公共道德的限制 97
 六、国际人权法对公共道德的影响 98
本章小结 100

第六章 文化产品贸易规则的反思与协调 /101

第一节 UNESCO公约的评价 101
 一、UNESCO公约取得的成果 101
 二、UNESCO的不足 102
第二节 UNESCO公约与WTO的冲突 104
 一、冲突的认定 104
 二、国民待遇冲突 105
 三、最惠国待遇冲突 106
第三节 UNESCO公约与WTO的协调途径 106
 一、条约解释途径 107
 二、冲突条款途径 109
第四节 中美文化产品争端的反思 112
 一、争端的内容 112
 二、中国文化产品贸易规制的反思 115
本章小结 117

参考文献 /119

后记 /129

内容摘要

随着世界性劳动生产率的提高和世界性经济结构的转型,文化产品在综合国力的竞争中所起的作用愈加重要。这不仅是因为文化产品可以创造大量的财富以及与之相关的服务,而且还因为文化产品可以利用大量的文化智力资源,为制造业和服务业添加相应的附加值。同时还可以利用文化产品在国际社会传播自己的价值观,争取广泛的国际认同及国际合作。

文化产品具有文化和经济的双重属性,而对文化产品属性的理解,各国所持有的观点则大相径庭。实践中以法国和加拿大为代表的多数国家侧重于文化产品的文化属性,认为文化产品是特定文化身份的载体,这一价值远远超越了文化产品的经济价值。因为文化产品体现了文化特征和文化价值观,大规模的文化产品贸易让输出国在获得经济利益的同时也输出了文化产品所内含的价值观,这就可能对文化产品的输入国的本土文化身份形成一定的冲击。自由贸易体制对文化贸易的增长起到了推动作用,这又会让文化产品贸易过于集中而最终形成垄断,所以文化产品的国际贸易实行完全的市场主导可能会出现"市场失灵"。因此国家有权采取适当的措施进行干预。以美国为首的少数几个国家则强调文化产品的经济属性,认为文化产品属于商品的范畴,应以市场为主导,现有的贸易规则对其应全部适用,并认为强调文化产品的特殊性只是一种贸易保护主义的借口。正是由于这一分歧的存在,这两类国家就是否在现有的贸易规则下给予文化产品以特殊待遇的问题上有了不同的主张。这一争议在WTO体制内长期未能解决,加拿大和欧盟成员开始寻求在这一体制外的解决方案。联合国教科文组织在2005年10月20日通过了《保护和促进文化表现形式多样性公约》,公约最显著的特征是"传递着文化特征、价值观和意义的文化活动、产品与服务具有经济和文化双重性质,故不应视为仅具有商业价值","重申各国拥有在其领土上维持、采取和实施他们认为合适的保护和促进文化表现形式多样性的政策和措施的主权";公约的序言中指出"文化多样性通过思想的自由交流得到加强,通过文化间的不断交流和互动得到滋养",从公约的相关条文中也可以看出公约的目的并不在于限制贸易。

根据上述对文化产品的分析,本书以现有的文化产品贸易规则为中心展开研究,包括导论在内共七章。其中正文部分的主要内容概括如下:

第一章为本书的基础理论部分。第一节主要分析了与文化产品相关的一些关键术语,对论文中所需要的术语如"文化、文化产业、文化产品"进行了界定;第二节分析了文化产品的价值所在,从文化产品的经济价值、文化价值、政治价值进行了分析,指出文化产品具有不同于一般的商品或服务价值特征,为后续的研究提供理论支持;第三节分析了文化产品国际贸易流通的现状,分析了文化产品流通的种类及流通的趋势,为论文研究提供数据上的支持。

第二章就文化产品国际贸易的国际规则进行了详细分析。从当前来看,与文化产品紧密相关的国际组织有两个,世界贸易组织和联合国教科文组织。第一节从世界贸易组织的规则这一角度来进行分析,由于文化产品属性上存在两种观点的分歧,分析了世界贸易组织的规则中有可能为文化产品提供一些"例外"的规则;第二节分析了联合国教科文组织与文化产品贸易相关的一些法律文件,重点是放在两类国家争议最大的《保护和促进文化表现形式多样性公约》的分析上;第三节从另外的一个角度进行了分析。因在多边体制下这一问题争议过多,可以考虑通过寻求从双边或区域的合作来解决这一分歧。

第三章就文化产品贸易规则中存在争议的具体问题之一——数字化文化产品问题进行了分析。第一节分析了新技术的出现所引起的文化产品市场模式变化,包括对文化产品的内容创作、销售以及获取模式所产生的变化;第二节分析了这一新的形态对传统的关税征收所造成的困难,分析国际组织在这一方面的努力,讨论了解决这一困难的途径;第三节是数字化文化产品归类的问题,在实践中这是面临的最大困难之一,归类的不同会影响到国民待遇和市场准入的待遇水平问题,这也是持两种不同观点的国家主要分歧之所在。

第四章就文化产品贸易规则中的文化政策措施的合理性和合法性进行了分析。第一节对何为文化政策措施进行了界定;第二节对实践中国家所经常采取的一些文化政策措施进行了详细的说明,分析了不同类型的文化政策措施在各国的运用;第三节结合文化政策措施的实例,分析了文化政策措施的合理性和必要性。

第五章分析了文化产品贸易规则中的例外问题,主要是分析能否在现有的贸易规则中为文化产品贸易中的文化保护的合法性找到依据。第一节主要是介绍了现有例外的分类,可以分为自身例外和一般例外,为从不同的角度分析提供理论依据;第二节从自身例外出发,分析了 GATT 中唯一对文化产品——电影作出例外规定的第 4 条,并通过对文化产品的相似性分析,讨论是否可以把 GATT 1994 第 3.2 条作为文化产品的国民待遇例外;第三节重点分析了 GATT 1994 的第 20(a)和 GATS 的第 14(a)中的一般例外,通过专家小组和上诉机构报告详细分析了这一例外的构成要件,讨论了这一例外能否适用于文化产品。

第六章分析了现有的两个主要规则体系所存在的冲突问题。第一节,从联合国教科文组织《保护和促进文化表现形式多样性公约》的关键特征这一角度,指出公约所固有的不足是引起冲突的部分原因;第二节具体分析了两规则体系存在的冲突具体表现为在国民待遇和最惠国待遇方面,因此在第三节就解决这一冲突的途径提出了一些建议;第四节以中美文化产品贸易争端这一案例入手,对中国如何应对文化产品贸易中所出现的这些问题提出了建议。

Abstract >>>

As the world wild improvement of labour productivity and transformation of economic structure, the cultural products become more and more important in the competition in the overall national strength. Not only because the cultural product can create massive fortune and fortune-related, but also it can increase added-value in manufacturing and service industries by taking advantage of a large number of cultural and intellectual resource. At the same time, the cultural products can obtain extensive international recognition and cooperation by transmitting its own value in the international community.

The cultural products pose dual attributes, which are culture and economic, and every state has its own understanding of the cultural product. In practice, the view of France and Canada representative most states' point, which argues that cultural products embody cultural property and they also largely exceed economic value. They also believe that the cultural product could earn economic value when they are exported to other states, they also export their own inner value at the same time, therefore, this result may cause some certain impact on the local culture identity in import states. It is not doubt that the free trade system plays an improving role in the culture product, however, it can also result monopoly because of its excessively focused, at the end, it may finally appear "market failure". The view of America represents minority states' point, they prefer to emphasize the economic value of cultural products, and believe that cultural products are belonging to the range of commodity categories, therefore, the cultural product should lead by market, and all the existing rules for market can apply to them. They also think it is only a protection excuse for people who prefer to emphasise the particularity of cultural products. Therefore, these two types of states have different opinions about whether should offer special trade rules for cultural product. Because this dispute can not be solved in the long term by the WTO system, Canada and EU members are beginning to seek solutions out of this system. "The Convention on the Protection and Promotion of the Diversity of Culture Expressions" was passed by UNESCO on 20th October, 2005. The most character of this convention is that "cultural activities, goods and services have both an economic and a cultural nature, because they convey identities, values and meanings, and must therefore not be treated as solely having commercial value", and "to reaffirm the sovereign rights of States to maintain, adopt and implement policies and measures that they deem appropriate for the protection and promotion of the diversity of cultural expressions on their territory". In the introduction of Convention, it points out that: "Being aware that cultural diversity is strengthened by the free flow of ideas, and that it is nurtured by constant exchanges and interaction between cultures". Therefore, the rules in the Convention are not used to limit trade.

According to the above analysis of cultural products, the dissertation do research focused on the existing cultural products trade rules, the whole dissertation including: introduction, body and conclusion, seven chapters in total, the important contents are including:

The Chapter One: the theories of foundation. The first section mainly analyses some key terms of culture products, and defines "culture, cultural industry and cultural product"; The second section analyses from the economic, cultural and political value of cultural products to demonstrate their value. Also, in order to offer a theoretical support for below chapters, the author points out that it have certain differences between ordinary goods or service and cultural products; The third section analyses the situation of cultural products in the international trade and the categories and circulation of cultural products. These research data will provide support to dissertation.

The Chapter Two: Analysing in detail the international trade rules of cultural products. Nowadays, cultural products are closely related to two organisations: the World Trade Organisation (WTO) and United Nations Educational, Scientific and Cultural Organization (UNESCO). In the first section, the author analyses from the WTO point. There are two points of view of cultural products, therefore, the dissertation focuses on that whether the WTO is possible to provide exception rules for cultural products; The second section is focused on the dispute of "Convention" to analyse some laws of the UNESCO which related to cultural products. In the third section, by seeking from bilateral or regional cooperation, the author analyses from different angle to solve this two diversity views.

The Chapter Three: Analysing digital cultural products: The first section is about the changes in the cultural products which made by the emergence of new technology, including the pattern change of creating, selling and obtaining. The second section analyses that this new form cause certain difficulty of traditional tariffs and the ways to solve this difficulty by WTO. The third section explains how to classify the digital culture product, which is the biggest problems in the practice. Because different classification can influence the national treatment and market access standards, which is the main depute of these two types of county.

The Chapter Four: Analysing the legitimacy of cultural policies of cultural products. The first section explains the necessary to define the measurement of cultural policies. The second section analysed in detail the cultural policy measurements adopted in practice, and different measurements are used by different states. The third section analyses the rationality and necessity of cultural policy measurements.

The Chapter Five: Analysing the exception problems in the trade rules of cultural products, and mainly analyses whether can find the rules to protect the legitimacy of cultural products. In the first section, in order to provide data from different angles for the dissertation, the author focuses on introducing some exceptions in nowadays, which are divided into itself exception and ordinary exception. The second section analyses the only cultural products in GATT—films, which has been made exception in the Rule 4. The author discuss whether we can make GATT 1994, the 3.2 rule as an exception of national treatments by analyzing the similarity of cultural products to discuss; The third section mainly analyses the exception of the Rule 20(a) in the GATT 1994 and the Rule 14(a) in GATS, and discusses whether these exceptions can be used in the cultural products.

The Chapter Six: Analysing the main conflict of these two existing system's. The first section analyses from "Convention" to point out the inherent of "Convention" which is the root of confliction. The second section analyses the confliction which is mainly expressed through national treatment and most-favoured nation treatment, the author next gives some suggestions to solve this problem in the third section. The fourth section from the dispute in the SINO-US cultural product to analyse how to improve the existing rules.

导　论 >>>

一、选题的背景与研究意义

文化的价值观和态度可以阻碍进步，也可以促进进步，文化因素如何影响全球经济运作模式？对于文化变革，我们应如何面对，持何种态度，采取何种措施？

联合国教科文组织统计研究所和联合国教科文组织文化处在《1994—2003年特定文化产品和服务的国际流通》这一报告中指出："根据海关数据的统计显示，核心文化产品①贸易在过去的十年之间将近增加了一倍，从1994年的383亿美元增长到2002年的592亿美元。但在2002年，这一市场却仅限于少数几个国家之中，并且高经济收入的国家仍然是最大的文化产品生产者和消费者。最明显的例外是中国在2002年作为第三大核心文化产品的出口国这一身份出现。英国为最大的文化产品出口国，其出口额为85亿美元；美国位居其次，出口额为76亿美元；中国第三，其出口额为53亿美元。尽管发展中国家占据文化产品出口额的比例不到1%，但通过分析数据，少数几个新兴的国家用事实表明其所占份额正在不断提高。但是这一现象仅仅限于一些特殊的市场，比如视觉艺术、雕塑和电子游戏。"②

文化产品具有文化和经济的双重属性，而对文化产品属性的理解，各国所持有的观点则大相径庭。另外，文化产品与贸易之间存在着既密切又复杂的关系——自由贸易体制对文化产品贸易的增长起到了积极的作用，但从另外一个角度来分析，自由贸易又导致文化产品与服务过于集中，形成垄断市场，从而使文化多样性面临巨大挑战。

WTO缔约方对于是否应在WTO框架下给予文化产品以特殊的待遇，各方所持态度不同，而在现行的GATT 1994之下，除了第4条涉及电影放映限额这一问题之外，并

---

① 根据联合国教科文组织统计研究所和联合国教科文组织文化处在《1994—2003年特定文化产品和服务的国际流通》报告中所作的分类，把文化产品分为核心文化产品/服务和相关文化产品/服务。核心文化产品主要包括文物产品、图书、报纸和期刊、其他印刷品、已录制媒体、视听媒体等，核心文化服务包括视听及相关服务、版权使用费和许可费等；相关文化产品包括设备/辅助材料、建筑设计和制图贸易经及商业广告品，相关文化服务包括信息服务、通讯社服务、广告和建筑服务等。

② UNESCO, International Flows of Selected Cultural Goods and Services, 1994—2003—Defining and Capturing the Flows of Global Cultural Trade, p. 9. 参见 http://www.uis.unesco.org/template/pdf/cscl/IntlFlows_EN.pdf, 下载日期：2010年1月9日。

不存在其他的给予文化产品以特殊待遇的条款。在乌拉圭回合谈判期间,美国和欧盟曾就视听服务的开放展开过激烈斗争。在美国要求视听服务自由化的强大压力下,法国等欧洲国家和加拿大以"文化例外"为由反对开放,它们最终把视听服务列入"最惠国待遇例外清单",对本国的视听服务实行特殊保护。

在WTO框架之外,法国与美国又在联合国教科文组织中展开激烈较量,主要集中在《保护和促进文化表现形式多样性公约》的核心条款上。与法国、加拿大、中国、巴西等国希望借助公约保护本国文化产业形成鲜明对照的是,美国在谈判中坚持认为该公约是文化公约,不能涉及贸易问题,不得影响成员国在WTO中的权利和义务。美国明确反对通过该公约。而公约的核心目标是保护和促进成员国境内的文化表现形式多样性,为此赋予成员国为保护本国文化表现形式多样性而采取各项措施的权利。

文化产品是含有文化内容的商品。这一双重性质引起了贸易政策上的分歧,也就决定了贸易规则的一般性与特殊性。世界贸易组织规则更强调贸易自由性,但是由于WTO对文化产品贸易问题的特殊性未作出明确的规定,实践中各国不得不在现有的框架下去寻找能够支持对文化产品进行保护的条款。在专家小组和上诉机构所作出的报告中,也可以发现成员方试图在现有体制下寻求例外条款,以求在WTO体制内解决文化产品贸易中的问题。《保护和促进文化表现形式多样性公约》涉及了贸易与文化的问题,为缔约方创设了相应的权利。于是会出现这样一种情形,当两个国家同时是这两个公约的成员的话,适用哪个公约提供的争端解决制?若按《保护和促进文化表现形式多样性公约》所创设的权利保护本国文化产品,是否会违背在另一公约内容中规定的义务?

因此,对现有规则中可以适用于文化产品贸易的规则进行研究,对这些规则中存在的问题进行探讨和反思具有重要的意义。

二、国内外研究现状综述

(一)国内研究现状

从现有的国内资料来看,目前在国内关于"文化产品贸易规则"问题专门性的研究成果并不多见。但与文化相关的研究成果比较多,主要集中在社会学、经济学、新闻传播等领域,而且多数的研究主要关注于文化产业政策问题,部分学者是从经济学的角度作出的研究,从国际法的角度进行研究的著作还未发现。华夏出版社出版的国内学者司马云杰的《文化社会学》(第五版)从社会学的角度主要研究了文化产生、发展的各种变量关系,文化的传播、冲突、调适、变迁、控制的社会过程及其性质,文化的社会功能等方面。金元浦主编了一套广东人民出版社出版的《当代文化产业论丛》,第一本是张玉国所著的《国家利益与文化政策》,主要研究的是文化政策问题,介绍了加拿大和美国的文化政策,并在最后一部分从WTO的角度分析了文化政策;第二本是李怀亮所著的《当代国际文化贸易与文化竞争》,其中一部分是涉及了西方国家之间文化产业政策。另外,社会文献出版社出版了一系列的《文化蓝皮书·产业》,有每一年的《中国文化产业发展报告》,报告中就中国的文化行业每年会作一个总结,在专家论坛中有部分文章涉及了文化产品贸易的问题。李怀亮主编的《国际文化贸易导论》中就与文化产品贸易相关的规则问题有部分涉及,这部分还是集中在文化政策这一方面。另外就是外语教学与研究出版社出版的一套《世界文化产业》丛书,包括了美国、英国、法国、韩国、印度等这些国家的文化产业,分别介绍了这些国家与文化有关的行业发展状况。

国内学者从国际法角度进行研究的主要集中在期刊论文[①]上所发表的学术文章。硕士论文也有一些[②],但这些研究仅从个别的规则入手分析,比如单独从 GATS 或单独从 GATT 1994 中的某一条款进行分析;特别是在《保护和促进文化表现形式多样性公约》生效之后,就文化产品贸易而言又有了新的研究角度,研究在贸易中如何对文化进行保护。

以上这些研究为本书的研究提供了必要而有益的借鉴,但这些研究成果尚有一些不足。首先,在 WTO 框架下研究文化产品贸易,就必须把所有的 WTO 协议作为一个整体来对待,不能仅从单个协议的单个条款来分析问题。其次,对于《保护和促进文化表现形式多样性公约》生效之后应如何处理这两个公约之间的关系,很多研究是忽略了这两个公约之间的联系,把两个公约割裂和对立起来。再次,没有考虑双边自由贸易协定或区域贸易协定的内容。

(二)国外研究现状

国外关于文化产品贸易规则的研究从和国内的学者的研究一样,基本上都是从文化产品的政策、知识产权保护等方面进行的论述。美国学者塞缪尔·亨廷顿(Samuel P. Huntington)和劳伦斯·哈里森(Lawrence E. Harrison)主编的《文化的重要作用》(Culture Matters)由 24 位各领域的专家从多个视角对文化问题进行了研究,但未能涉及国际法的角度;英国学者吉姆·麦圭根(Jim McGuigan)的《重新思考文化政策》(Rethinking Cultural Plokcy)一书中研究了新自由主义全球化时代的文化、经济和权力问题,主要观注了早期公共文化政策是如何被赋予合理的地位,同时也对这些政策进行了重新的思考。本书也只是关注了相应的文化政策问题;澳大利亚学者戴维·思罗斯比(David Throsby)著的《经济学与文化》(Economics and Culture)主要从经济学的视角对文化问题进行了研究。有学者 Sacha Wunsch-Vincent 在数字化产品这个问题上涉及了文化产品问题,就那些可以数字化的产品包括电影、音乐、图书、期刊等问题进行了讨论,出发点主要是 WTO

---

① 例如,黄志雄:《WTO 自由贸易与公共道德第一案——安提瓜诉美国网络赌博服务争端评析》,载《法学评论》2006 年第 2 期;彭岳:《贸易与道德:中美文化产品争端的法律分析》,载《中国社会科学》2009 年第 2 期;龚柏华:《"中美出版物市场准入 WTO 案"援引 GATT 20 条"公共道德例外"的法律分析》,载《世界贸易组织动态与研究》2009 年第 10 期;胡建国:《安提瓜诉美国赌博案评析》,载《武大国际法评论》2007 年第 2 期。

② 例如,颜荟:《后 WTO 时代我国文化产品出口的障碍与对策研究》,武汉理工大学 2008 年硕士学位论文;曲晓燕:《中国文化产业发展初探》,首都经济贸易大学 2004 年硕士学位论文;高洁:《从文化贸易看我国文化产业的发展》,首都经济贸易大学 2005 年硕士学位论文;李力洋:《试论西方文化渗透及应对策略》,吉林大学 2004 年硕士学位论文;周亮:《文化产业发展的法律环境分析》,华中科技大学 2006 年硕士学位论文;陈蓉:《网络文化产业研究》,武汉大学 2006 年硕士学位论文;尚婷:《关于我国文化产业体制改革的几点思考》,吉林大学 2005 年硕士学位论文。

现有的规则如何适用于电子商务这一问题,涉及了数字化产品的归类,数字化产品的征税等如何在 WTO 框架下解决。① 关于文化产品贸易规则研究的论文较多,也是集中在讨论 WTO 框架下具体条款对文化产品适用的问题,也有些论文关注了 UNESCO 所通过的《保护和促进文化表现形式多样性公约》对国际经济法的影响问题,主要分析的是对世界贸易组织规则造成了哪些影响,分析从国民待遇原则、最惠国待遇原则,但没有涉及二者之间的关系问题。还有些论文分析了专家小组和上诉机构所作出的裁决,涉及文化产品方面的问题讨论的也比较多,最主要的是集中在加拿大期刊案的分析,通过案例分析现有 WTO 规则对文化产品适用所存在的问题。②

三、研究的内容及研究方法

(一)研究的内容

本书对文化产品贸易规则进行了全面、系统的研究,对重大理论问题和在相关判例中出现的争议问题进行详细阐述。在此基础上共分六个章节进行了论述。对下列问题进行了重点分析:

第一,对与文化产品贸易问题相关的术语作出解释,重点对文化产品的概念进行了界定。

第二,对文化产品贸易所涉及的规则进行了详细的分析。

第三,文化产品贸易中的特殊类型——数字化文化产品,基于其自身的属性,可以通过在线的方式提供而不存在实体形态,论文重点研究数字化文化产品的关税问题;指出实践中目前所采用的措施——关税征收延迟,但这只是一种临时的方案。

第四,数字化产品是由 GATS 调整还是由 GATT 1994 调整,适用不同的规则,决定其待遇水平,重点分析了归类的标准;通过分析得出结论,数字化文化产品用 GATS 调整较为合理。

第五,文化产品的同类性问题。本国的文化产品与外国的文化产品能否认为是相同的,若答案是否定的,则可以利用 GATT 1994 第 3.2 条,对外国的文化产品采取歧视性

---

① Sacha Wunsch-Vincent, *The WTO, the Internet and Trade in Digital Products—EC-US Perspectives*, Oxford And Portland Oregon, 2006.

② Christoph Beat Graber, The New UNESCO Convention on Cultural Diversity—A Counterbalance To The WTO? *Journal of International Economic Law*, September, 2006; Henry Gao, The Mighty Pen, the Almighty Dollar and the Holy Hammer and Sickle—An Examination of the Conflict between Trade Liberalization and Domestic Cultural Policy with Special Regard to the Recent Dispute Between the United States and China on Restrictions on Certain Cultural Products, *Asian Journal of WTO & International Health Law and Policy*, September, 2007; Fiona Smith, The Limitations of a Legal Approach to the Regulation of Cultural Diversity in the WTO: The Problem of International Agricultural Trade, *Asian Journal of WTO & International Health Law and Policy*, March, 2008; Mira Burri-Nenova, Trade Versus Culture in The Digital Environment: An Old Conflict In Need of A New Definition, *Journal of International Economic Law*, March, 2009.

的措施,如税收、补贴等,构成了国民待遇的例外。

第六,GATT 1994 的第 4 条。由于在 GATS 中并无相应的规定,分析了若是根据 GATT 1994 第 4 条所采取的措施,是否可以认为违反了 GATS 中成员方所作出的承诺。

第七,公共道德。GATT 1994 第 20(a)条和 GATS 第 14(a)条的一般例外可否适用于文化产品;从上诉机构和专家小组的报告中可以看出,公共道德例外的判断需要满足三个条件,成员方基于公共道德对本国文化产品进行保护这一主张并未得到支持。

第八,就 WTO 与 UNESCO 公约的冲突问题进行了分析,研究了冲突解决的方法。

第九,关注了文化本土化和文化国际化之间的关系,立足中国的现实,同时也不背离人类社会的共同价值和普遍原理。

(二)研究方法

科学的研究方法是保证研究成果的科学基础。根据论证的需要,对文化产品贸易规则进行研究时主要运用文本(规范)分析、案例分析这些方法。通过文本(规范)分析方法分析了 UNESCO 公约与 WTO 之间的冲突;通过案例分析方法,主要从专家小组和上诉机构的相关判例中去分析文化产品的"例外"问题,分析 WTO 争端解决机构能否运用非 WTO 体制下的协定作为解决争端的依据。

第一章

概 说

第一节 文化产品的概念

"概念乃是解决法律问题所必需的和必不可少的工具。没有限定严格的专门概念,我们便不能清楚地和理性地思考法律问题。"[1]从政策上和情感上这两个方面来处理文化问题是非常困难的,从理性思维上来处理文化问题同样也是非常困难的,因为它涉及定义和衡量上的问题,而且文化与诸如政治、体制、经济发展等其他变量之间是可以互为因果的。[2] 对文化产品国际贸易的概念进行探讨,是分析文化产品国际贸易中所存在的问题以及如何解决这些问题的逻辑起点。

一、文化

文化的概念在社会科学中的应用是相当混乱和模糊不清的。世界各国社会科学的辞书、类书中有关文化的条目很多,但说法不一。各种社会科学对文化概念的界定更是众说纷纭,各持一端。19世纪以来,人们围绕着文化的含义、内容、分类所发生的争论,一直没有停止过,至今仍没有统一的认识。出现这种情况的原因是多方面的,即有学科体系的不同,也有方法论上的分歧,有政治视野上的差别,还有民族语言表达方式上的问题,凡此种种,都给我们界定文化的概念造成了一定的困难。[3]

文化(culture)是指人类活动的模式以及给予这些模式重要性的符号化结构。文化是人们作为个人所学到或接受的;它是他们所知晓的。然而,这并不排除文化还有集体的或共有的一面。

文化包含了不同层面的信息,它可以是宏观层面的信息体系,如有关公共自我表现方式的一套理念;它也可以是微观层面的信息体系,如食品的制作方法。

---

[1] [美]E.博登海默:《法理学:法律哲学与法律方法》,邓正来译,中国政法大学出版社2004年版,第504页。

[2] Lawrence E. Harrison and Samuel P. Huntington, *Culture matters: How values shape human progress*, Published by Basic Books, Amember of the Perseus Books Group, Pxxxii.

[3] 司马云杰:《文化社会学》,华夏出版社2011年版,第2页。

社会的发展，必然涉及文化因素。人类文明的进步源于人类自身伟大的历史实践。从文化的形成到文化产业的出现，正是人类社会历史实践的产物，它标志着人类文明不断地从低级走向高级，从一个境界走向另一个新的境界。"文化"是一个表示人类社会文明形态的概念，它最初是泛指人类区别于动物的一切活动及其成果，随着社会文明的演进，人们对它有着多种多样的解释。

不同的人对"文化"有不同的定义，通常文化包括文字、语言、地域、音乐、文学、绘画、雕塑、戏剧、电影等。大致上可以用一个民族的生活形式来指称它的文化。"从广义上讲，文化现在可以说是人类独特的精神、物质、智力、情感特征总和，并为一个社会或社会团体打上深深的印记。它不仅包括艺术和文字，而且也包括生活方式、人类的基本权利、价值系统、传统和习惯。"[1]罗杰·基辛（Roger M. Keesing）提出一个很明智的建议，即最好缩小文化这一理念，让它包括的内容少一点而说明的问题多一点。[2]

中国古代《易经》中有如下描述："观乎天文，以察时变，观乎人文，以化成天下。"文化即是由这其中的"人文化成"简化而来，其本义是指用人文来对人进行教化，以治理天下。"文化"作为一单独词语最早是出现在西汉刘向的《说苑·指武》："圣人之治天下也，先文德而后武力。凡武之兴，为不服也。文化不改，然后加诛。"后来"文化"一词便不断被使用，比如晋代有"文化内辑，武功外悠"（束皙《补亡诗·由仪》），南朝时有"设神理以景俗，敷文化以柔远"等。

西方的"文化"一词最初是指与"自然存在的东西"相对的"人造自然物"，英文、法文均为 culture，德文为 kultur，它们都来自于拉丁文的 cultura，原意是指对土地的耕耘和对植物的栽培，后引申为对人的身体和精神两方面的培育。[3] 但是随着人类社会的文化发展和进步，对于文化的理解出现了不同的解释，人们对文化的定义的数量多达上百种。在古希腊古罗马时期，文化被理解为人们参加社会生活和政治生活的品质和能力。欧洲中世纪时，文化也为"祭祀"一类的术语所代替。文艺复兴和启蒙运动之后，文化成为与"野蛮"、"不开化"对立的概念。作为文化研究领域里所指的文化则是广泛意义上的大文化。比较权威并系统归纳起来的定义源于《大英百科全书》引用的美国著名文化学专家克罗伯和克拉克洪的《文化：一个概念定义的考评》一书，这本书共收集了 166 条文化的定义（162 条为英文定义），这些定义分别由世界上著名的人类学家、社会学家、心理分析学家、哲学家、化学家、生物学家、经济学家、地理学家和政治学家所界定。比如被人类学界尊称为"人类学之父"的英国人类学家爱德华·泰勒（1832—1917），在其所著的《原始文化》

---

[1] Declaration of Mondiacult, World Conference on Cultural Policy, organized under the auspices of UNESCO in 1982 at Mexico City. http://portal.unesco.org/culture/en/files/12762/11295421661mexico_en.pdf/mexico_en.pdf，下载日期：2010 年 1 月 9 日。

[2] Roger M. Keesing, Theories of Culture, Annu. Rev. Anthropol. 1974. 3: p.73. http://luci.ics.uci.edu/websiteContent/weAreLuci/biographies/faculty/djp3/LocalCopy/annurev.an.03.100174.000445.pdf，下载日期：2013 年 6 月 15 日。

[3] Levine, Donald (ed) Simmel, *On individuality and social forms*, Chicago University Press, 1971. p.6.参见维基百科，http://en.wikipedia.org/wiki/Culture#cite_note-2. 下载日期：2010 年 1 月 9 日。

（primitive culture）中把文化界定为"包括知识、信仰、艺术、道德、法律、习惯以及其他人类作为社会的成员而获得的种种能力、习性在内的一种复合的整体"①。1876年，恩格斯在《劳动在从猿到人转变过程中的作用》中，指出"文化作为意识形态，借助于意识和语言而存在，文化是人类特有的现象和符号系统，文化就是人化，人的对象化或对象的人化，起源于人类劳动"。

不同的人对"文化"有不同的定义，具体可以从两方面定义：一是从广义上讲，指人类在社会历史实践中所创造的物质财富和精神财富的总和，通常包括无形的语言、习俗、礼仪、信仰、道德、宗教、艺术趣味等精神文化，也包括有形的物质文化资源和物质创造物。二是从狭义上讲，指社会的意识形态以及与之相适应的制度和组织机构。在考古学上"文化"则指同一历史时期的遗迹、遗物的综合体。同样的工具、用具、制造技术等是同一种文化的特征。有时文化也指文明。②

文化是人类创造出来的，并非是自然而然存在的事物。人是文化的动物。人之所以为人，最显著的特点就在于人于本能之外拥有一个文化的世界，抽象思考的能力是人与其他动物最大的不同，人会使用象征符号来表达意义。文化的主体是人，是特定社会的人的历史实践创造了人类的文化，因此文化是人类智慧和创造力的体现。人创造了文化，同样，文化也"创造"了人。人类是文化的创造者和改造者，也是文化的承担者和继承者。在不同的历史时期，不同的民族创造了形态各异的文化，从这一角度来看，文化就具有了地域性、民族性、时代性和多样性等特征。"因此文化的核心就是两个要素：一是作为对实践客观条件的认识和把握的科学知识和理念，二是作为对实践主观目的的认识和把握的价值观念。"③

二、文化产业

任何关于产业经济学的严谨的大学课程或教科书，在开始时都会花一些时间讨论定义一个产业所面临的困难——即能否根据生产者类别、产品类型、生产要素、消费者类型、区位等来描述产业的概念。因为对文化商品和文化服务的界定存在不确定性，所以一般产业中存在的问题在文化产业中更加突出。④

---

① E. B. Tylor, Primitive Culture—Researches into The Development of Mythology, Philosophy, Religion, Art and Custom, 1874.
② 参见维基百科关于文化的词条。http:zh.wikipedia,org/wiki/%E6%96%87%E5%8C%96.下载日期：2013年7月22日。
③ 刘德定：《当代中国文化软实力研究》，河南大学2012年博士论文，第44页。
④ ［澳］戴维·思罗斯比：《经济学与文化》，王志标、张峥嵘译，中国人民大学出版社2011年版，第122页。

文化产业(cultural industry)①属于社会文化中的经营性文化部分,是文化的经济属性的集中体现。在西方,文化产业被称作"文化工业",它起源于德国法兰克福学派对"大众文化"的研究和对"文化工业"的批判。因此在许多欧美国家,文化产业与"文化工业"采用的是同一个词,并且其与"大众文化"的范畴相当接近。20世纪40年代法兰克福学派的阿多尔诺和霍克海默在《启蒙的辩证法》一书中,首先提出"文化产业"的概念,②他们从哲学与艺术学价值判断的双重角度对文化产业进行了否定性的批判,认为它是资本主义技术统治和工具理性的发展,并指出"文化元素一旦与现代科技结合形成工业体系,就会产生巨大的影响社会的力量"。③

通常认为,"文化产业"是指将本质上是无形的和文化性的创造性内容的原创、制作和商品化结合在一起的产业。④ 这个概念是指那些包含生产、创作、销售"内容"(contents)的产业。从本质上讲它们是不可触摸的并与文化相关,一般可以通过著作权这一方式来加以保护,同时以商品或服务的形态出现。在不同的领域"文化产业"有不同的称谓,通常被称作"创造性产业"。

关于文化产业,联合国教科文组织(UNESCO)是这样定义的:"大家普遍认同文化产业这个术语适用于那些能够将本性上是无形的并属于文化的内容的创意、生产和商业化结合在一起的产业。这些内容得到著作权特定保护,并以商品和服务的形式出现。"

联合国教科文组织在2005年的《保护和促进文化表现形式多样性公约》中对文化政策措施明确的界定中,认为"文化产业指生产和销售上述第(四)项所述的文化产品或服务的产业"。而第(四)项是对"文化活动、产品与服务"的界定,"文化活动、产品与服务是指从其具有的特殊属性、用途或目的考虑时,体现或传达文化表现形式的活动、产品与服务,无论它们是否具有商业价值。文化活动可能以自身为目的,也可能是为文化产品与服务的生产提供帮助"。把二者结合起来,我们可以清晰地看出《保护和促进文化表现形式多样性公约》中"文化产业"的内涵。

由于人们对文化定义的内涵和外延的理解不同,所以就文化产业的分类出现了不同的形式。文化产业是一个不断嬗变和生成的概念,在发展中有"学院派"与"应用派"之分。学院派通常是从"理论—意识形态"的角度来界定文化产业,应用派则从社会经济实践中关注文化产业的生产与流通、经营与管理、传播与消费等问题。文化产业的范畴非常广泛,主要包括印刷、出版、多媒体、视听、录音和电影制品、手工艺品和工艺设计等行业。有些国家的这一概念还涵盖了包括建筑⑤、视觉和行为艺术、体育运动、乐器制造、广告和与

---

① 在此需要说明,有著作或论文中出现了文化创意产业,笔者认为文化创意产业在某种程度上可以等同文化产业。创意产业的概念最早是英国在20世纪90年代中期提出的,主要是指"那些从个人的创造力、技能和天分中获取发展动力的企业,以及那些通过对知识产权的开发可创造潜在财富和就业机会的活动"。欧美称之为创意产业,在东亚则被称为文化产业。

② [德]马克斯·霍克海默、特奥多·威·阿多尔诺:《启蒙辩证法》,洪佩郁、蔺月峰译,重庆出版社1990年版,第112页。

③ 顾江:《文化产业经济学》,南京大学出版社2007年版,第25页。

④ UNESCO, Culture, Trade and Globalization—Questions and Answers, p.11.

⑤ 例如英国。参见顾江:《文化产业经济学》,南京大学出版社2007年版,第27页。

文化有关的旅游等行业。文化产业实现了"内容"的增值,这也为个人和社会提供了价值。

文化产业的物质性使其具有经济功能,文化产业的精神属性使其还具有社会功能或文化功能。"文化具有认知、传播、审美、教化娱乐等功能,而文化产业通过文化产品和服务的消费过程,以产业化方式将上述功能予以强化,并在市场经济条件下予以实现。文化产业的功能主要表现为经济增长功能、意识形态功能、教育与审美功能和文化传播功能"。①

三、文化产品

(一)文化商品

"文化商品"(cultural goods)和"文化服务"(cultural services)从表面上看来两者似乎有很大的差别,但实践中这二者却很难作出具体的区分。有学者从表现形态上认为,"文化商品和文化服务最大的区别在于文化商品有具体的物质或者电子形态,而文化服务则不具备,仅仅指艺术表演、展出以及为提供和保存文化信息而进行的活动(如图书馆、档案馆和博物馆等文化机构的展出活动)。"②这两个术语如何进行界定,一些国际组织如联合国教科文组织在其出版物中、世界贸易组织在相关的案例中都进行了一些探索。

联合国教科文组织在《文化、贸易和全球化》中这样定义:"文化商品是指表达理念、象征和生活方式的消费品。它们传达信息或提供娱乐,保持并有助于构建群体身份,而且影响文化实践。它们是个人或集体创造的结果。""文化商品一般是指传播思想、符号和生活方式的消费品,它能够提供信息和娱乐,进而形成群体认同并影响文化行为。基于个人和集体创作成果的文化商品在产业化和在世界范围内销售的过程中,被不断复制并附加了新的价值。图书、杂志、多媒体产品、软件、录音带、电影、录像带、视听节目、手工艺品和时装设计组成了多种多样的文化商品。"③

从以上的界定并组合实践中的现状,以是否具有物质载体为标准,文化商品或以分为实物文化商品和数字文化商品。实物文化商品是指储存介质和介质附着的载体作为一个整体而存在的文化商品,如纸质的美术作品;数字文化商品,又称数字商品,是以数字技术构建或者表达的,是可以脱离存储的介质和载体实现在线传递的唯一商品。从产业的角度来看,数字文化商品指的是利用数字技术制造的并能在互联网上自由传输文字、图形、色彩、声音、动作、影像或由上述因素组合的,有关文化教养或娱乐内容的产品,包括但不限于电影、音乐、戏剧、诗歌、小说、曲艺、摄影、漫画、动画片、计算机软件及网络游戏。④

(二)文化服务

《文化、贸易和全球化》中指出"文化服务是指包括一整套针对文化实践的措施和支持

---

① 欧阳友权:《文化产业通论》,湖南人民出版社 2006 年版,第 64 页。
② 齐爱民:《数字文化商品确权与交易规则的构建》,载《中国法学》2012 年第 5 期。
③ UNESCO, Culture, Trade and Globalization—Questions and Answers, p. 13.
④ 参见齐爱民:《数字文化商品确权与交易规则的构建》,载《中国法学》2012 年第 5 期。

设施,由政府、私人、准公共机构或公司提供给社会。这些服务包括诸如表演和文化活动的推广活动,以及文化信息及其保存。文化服务可以免费提供或者基于一定的商业基础"。联合国教科文组织出版物中指出:"传统意义上讲,文化服务是指满足人们文化兴趣和需要的行为。这种行为通常不以货物的形式出现,它是指政府、私人机构和半公共机构为社会文化实践提供的各种各样的文化支持。这些文化支持包括举办各种演出、组织文化活动、推广文化信息以及文化产品的收藏(如图书馆、文献资料中心和博物馆)等。文化服务可以是免费的,也可以有商业目的。国际间的货物贸易相对容易理解(一种产品从一个国家销售到另一个国家,在过关时通常要被征税),而服务贸易却形式多样,很难理解。电话公司、出版社和新闻机构都以各自特别的方式提供这些服务。这也使定义服务贸易和制定规范服务贸易的法律法规变得非常困难和复杂。"①

"《服务贸易总协定》(GATS)的《附录》在某种程度上反映了服务贸易的这种形式多样性。一般地讲,文化服务包括表演服务(如戏剧、交响乐和马戏)、出版、新闻、信息传播和建筑设计方面的服务,也包括视听服务(如电影、电视和广播节目以及家庭录像制品的分销,或配音和印刷复制等生产过程的各个方面,电影展览以及有线电视、卫星、广播器材和电影院的运营等)、图书馆、档案馆、博物馆和其他服务。到目前为止,对于文化服务贸易,还没有一般性的定义,也没有一个标准的体系来进行描述。而且,产品的形式不同,其服务贸易的概念也不一样。像图书、电影这样的产品,既可以以货物的实体形式存在,也可以以网络在线的虚拟形式存在。它们究竟是有些国家所坚持的'纯粹的货物',还是另一些国家所认为的'服务'的范畴?由于当前国际贸易协定中对货物贸易和服务贸易区别对待,因此,为网络在线形式制定电子商务规则将影响到贸易方式的不同选择——究竟是采用物质的还是非物质的(physical or non-physical)交易方式"②。

(三)文化产品

什么是文化产品(cultural products),其范围是什么,这一问题当前不同学者有不同的理解,无论是国际的还是国内的不同文件都存在着不同的表述方式。文化产品是用来交换的劳动产品。具体而言,文化产品是指生产经营者通过市场交换,向消费者提供的文化商品或文化服务,它包括两个方面的形态:实物形态的文化商品和服务形态的文化服务。③

在国际性的文件中,如联合国教科文组织在其《文化、贸易和全球化》这一出版物中是这样描述的,二者(文化商品、文化服务)合起来统称作"文化产品"(cultural products)。④在联合国教科文组织统计研究所和联合国教科文组织文化处所发表的报告《1994—2003

---

① 张玉国、朱筱林:《文化、贸易和全球化》,载《中国出版》2003年第1期。
② 张玉国、朱筱林:《文化、贸易和全球化》,载《中国出版》2003年第1期。
③ 王天玺:《文化决定价值》(中),载《创造》2011年第2期。
④ UNESCO, Culture, Trade and Globalization—Questions and Answers, p. 13.

年特定文化产品和服务的国际流通》中,指出"文化产品是文化产业的产物"。① 在联合国教科文组织《促进教育、科学和文化性质的视听材料国际流通的协定》②、《教育科学文化物品进口协定及议定书》③这两个国际法律文件中也都认为文化产品(cultural products/goods)可以称为文化物品(cultural materials),主要指的是工业产品。

以中国为例,在2007年商务部、外交部、文化部、广电总局、新闻出版总署、国务院新闻办共同制定了《文化产品和服务出口指导目录》,在这一目录中并没有对文化产品和文化服务加以区分,只是把文化产品和文化服务分成四个种类,包括新闻出版类、广播影视类、文化艺术类、综合类。就各大类包括的内容看,"文化产品类主要包括了实物、产品或制品,如出版物、影视产品、影视器材产品、游戏产品、美术品、乐器、工艺品和手工艺品、动漫产品、音像制品。"④但是这一文件的目的并不在于界定文化产品,因此只能为界定文化产品提供指导,但不具有决定性。

总的来讲,为了研究的方便,我们可以借鉴联合国教科文组织文件中的说法,把文化产品界定为包括文化商品和文化服务。

第二节 文化产品的价值

价值,从一般意义上来讨论,其相当于英文中的 value。马克思对这一概念曾作过专门的考证,认为"价值这个普遍的概念是从人们对待满足他们需要的外界物的关系中产生的,"⑤是"人们所利用的并表现了对人的需要的关系的物的价值。"⑥"从事价值哲学研究的学者普遍认为,价值是表示主客体关系的概念,是客体的属性、功能对于主体需要的满足程度。"⑦"所谓价值,是特指主客体关系的一种内容,这种内容就是:客体是否满足主体的需要,是否同主体相一致、为主体服务。"⑧人对客观物质世界的认识和改造是在一定的目的指引下进行的,人对目的的追求贯穿了实践活动的始终。这个目的就是价值观念,它包含了人对自身、对自然、对社会以及对这几个因素之间关系的价值判断。⑨

---

① UNESCO, International Flows of Selected Cultural Goods and Services, 1994—2003—Defining and Capturing the Flows of Global Cultural Trade, p. 14. http://www.uis.unesco.org/template/pdf/cscl/IntlFlows_EN.pdf,下载日期:2010年1月9日。
② 1948年签订于贝鲁特,故简称《贝鲁特协定》。目前有包括美国在内的38个成员国。
③ 1950年签订于佛罗伦萨。目前有99个成员,中国还没有加入。1976年11月26日联合国教科文组织第34次全体会议通过了《教育科学文化物品进口协定议定书》,目前有42个成员国,中国没有加入。
④ 参见商务部、外交部、文化部、广电总局、新闻出版总署、国务院新闻办公室2007年第27号公告。
⑤ 《马克思恩格斯全集》(第19卷),人民出版社1995年版,第406页。
⑥ 《马克思恩格斯全集》(第26卷),人民出版社1995年版,第139页。
⑦ 丁志刚:《政治价值研究论纲》,载《政治学研究》2004年第3期。
⑧ 李德顺:《价值新论》,中国青年出版社1993年版,第34页。
⑨ 刘德定:《当代中国文化软实力研究》,河南大学2012年博士论文,第44页。

因为文化产品具有现实和潜在的巨大经济价值,这一原因为文化产业的发展提供了动力,但是文化产品价值内涵中更重要的却是它所具有独特的文化价值和社会价值。"文化产品作为一种社会产品,具有深刻的社会价值,文化产品不仅仅对于个人、群体具有经济的意义和作用,更多的是对于整个社会存在意义和作用;文化产品的生产不是单一的个体行为或群体行为,也不是纯粹的经济行为,它有着广泛的外部性、社会性"。① 虽然文化当然连续的存在,但人类不是文化的奴隶。人类可以利用文化,也可以改变文化;若人类打算改变文化,当然也可以做到。②"保守的认为,决定社会成功的核心是文化而非政治;开放的认为,政治可以改变文化,并使文化得以自救"③,关于文化对于人类的作用,最明智的说法可能就是丹尼尔·帕特里克·莫伊尼汉(Daniel Patrick Moynihan)的上述观点。基于以上的分析可以看出文化产品具有三种基本的价值。

一、文化产品的经济价值

在文化经济时代,围绕着文化产品所形成的种种关系放在经济学环境中,可以借用经济学的术语来加以解释。如果把文化视为一个集体所共有的价值观、活动模式体系,在群体成员内部之间,不同群体成员之间的文化相互作用都可以用经济学的理论模型化为文化产品的交易或交换。

从根本上说,"价值"概念是一切经济行为的出发点和动机。然而,如果从另一个不同的角度来看,价值观念又渗透到文化领域的各个角落。在经济语境里,价值与消费者和市场赋予特定商品的效用、价格和估价有关。在文化语境里,价值存在于文化现象的某些特性里,它要么表现为具体的形式,如一个音符的音调值或者一件油画的色泽度,要么表现为一般的形式,如一件作品、一个物件、一段经历或其他文化现象。④

亚当·斯密在1776年发表的《国富论》中首次区分了一种商品的使用价值和交换价值。"价值一词有两个不同的意义。它有时表示特定物品的效用,有时又表示由于占有某物而取得对他种货物的购买力。前者可叫做使用价值,后者可叫做交换价值。"并提出"劳动是一切商品交换价值的真实尺度",生产商品耗费的劳动决定商品价值,商品价值同生产中耗费的劳动成正比,商品价值量取决于商品内部凝结的劳动时间。

文化产品具有商品属性,是社会历史发展以及现代科学技术发展的必然结果。人们之间的物质交换是以普通商品之间交换的形式来加以实现的,市场机制对于社会物质的生产起着重要的支配作为。在最初的直接易物阶段,商品的价值和使用价值之间就存在冲突,为了解决这一冲突就出现了特殊的商品——货币。一方面就文化产品而言,文化产

---

① 杨承志:《关于文化产品价值的哲学思考》,载《光明日报》2007年8月28日。
② Lawrence E. Harrison and Samuel P. Huntington, *Culture matters: How values shape human progress*, Published by Basic Books, Amember of the Perseus Books Group, p. 218.
③ Lawrence E. Harrison and Samuel P. Huntington, *Culture matters: How values shape human progress*, Published by Basic Books, Amember of the Perseus Books Group, p. xiv.
④ [澳]戴维·思罗斯比:《经济学与文化》,王志标、张峥嵘译,中国人民大学出版社2011年版,第20页。

品的生产者通过发表作品或演出换取相应的货币,再通过货币换取自己所需要的生活资料。因此文化产品从这个过程上来看是具有一定的交换价值。商品交换从实质上来讲是劳动必要的一种交换,从一般经济规律来看,交换价值为商品价值的外化,"生产使用价值的社会必要劳动时间,决定该使用价值的价值量"①。另一方面,市场需求也决定了文化产品的生产。受文化产品需求的刺激和推动,市场上的供给规模在不断增大。文化产业在21世纪已逐渐成为一个新的支柱产业,成为各国经济新的增长点,同时对综合国力的竞争也起着决定作用。

从1980年到1998年近二十年的时间里,印刷品、文献、广播、电视等这些与文化产品相关的贸易额从953.4亿美元迅速增长到3879.27亿美元。② 这一时期的文化产品贸易主要是集中在少数几个发达国家之间,虽然后期这一高度集中的情况发生了一些变化,但是并没有实质性的改变。

二、文化产品的文化价值

与一般商品相比,文化产品的本质特征是其所具有的文化价值。人类之所以需要文化产品,就是利用文化产品的文化价值来满足人类的物质需要和精神需要。从文化的含义中可以看出,文化具有地域性、民族性、时代性和多样性这些属性。不同的文化都有其赖以支撑的核心价值体系和核心价值观,"从文化哲学的角度审视,在文化结构中,价值系统是其核心。一定的社会价值体系是在一定社会的生产力和生产方式的基础上形成和发展的,不同的社会生产力和生产方式构成不同的社会价值体系。正是因为这样,才形成了不同文化的时代性和民族性"。③ 因此,文化价值是一种多样化的、变动中的观念,不能单纯地从某一个角度来理解文化的价值,换言之,价值既是多元的又是可变的。

根据不同的标准,有学者尝试以具体的艺术品为例,把文化产品的文化特征概括为审美价值(aesthetic value)、精神价值(spiritual value)、社会价值(social value)、历史价值(historical value)、象征价值(symbolic value)、真实价值(authenticity value)等同几个价值特征;④有学者根据满足人们需要的类型可以把文化产品的价值区分为认识价值、冶情价值、规范价值、组织价值。⑤

联合国教科文组织指出:"当民族或文化身份被视为一种前景,一种未来,一种前景设想,而不是一个传统,它同其他民族发展前景的关系可能更具有可塑性。前瞻性为对话和协商贸易留下了余地,也为获得相互生命的共识创造了空间,这种空间绝不是零和的。传

---

① 马克思:《资本论》(第1卷),人民出版社1975年版,第244页。
② 联合国教科文组织:《文化商品国际贸易研究1980—1998》2000年。
③ 陈筠泉,刘奔:《哲学与文化》,中国社会科学出版社1996年版。转引自彭文祥:《民族性文艺的审美文化分析——民族性电视文艺节目为例》,载金星华:《民族文化理论与实践——首届全国民族文化论坛论文集》(下册),民族出版社2005年版。
④ 参见[澳]戴维·思罗斯比:《经济学与文化》,王志标、张峥嵘译,中国人民大学出版社2011年版,第30~31页。
⑤ 王天玺:《文化决定价值》(中),载《创造》2011年第2期。

统,作为文化多样性唯一的动力,势必是封闭的、有限的、固定的、死板的。它更易于激起敌对的民族情感。"①因此,文化具有明确的地域性和民族性,并且,为维持多样性就要求文化有相应的封闭性。

但是文化从本质上来讲是处于流动中的,而并不是凝固的。文化产品只是文化的外部表现形式,当文化产品创造出来之后,如果没有进入到流通领域,那么作为文化其将失去意义,就更谈不上文化价值的实现。"只有当文化产品实际成为现实主体活动的条件和要素,转化为主体的能力和素质,并在这种转化中被扬弃和再创造,才能保持自己的存在并发扬光大,实现其价值。"②

文化产品虽以特定的物质形式进入了市场,但它们是含有文化内容的产品。联合国教科文组织在《保护和促进文化表现形式多样性公约》第4条中指出,"文化内容"指"源于文化特征或表现文化特征的象征意义、艺术特色和文化价值"③。在该公约序言中也提到,"传递着文化特征、价值观和意义的文化活动、产品与服务具有经济和文化双重性质,故不应视为仅具商业价值"④。

"文化产品的文化价值就是其文化内容和精神内涵对人与社会的生存与发展所具有的作用、影响和意义。文化产品的文化价值包括认识价值、审美价值、教育价值、伦理价值等,包括积累创造民族文化、凝聚民族精神、传承历史文化等独特功能。这种功能是文化产品的根本性价值,但是这种价值却很难在文化产品市场流通中以货币的方式来衡量。"⑤

文化产品在有的时候被称为精神产品,从这一点就可以看出文化产品与其他产品的实质性区别。文化产品不能完全等同于物质产品,它们在使用价值上的差异也是非常明显的。通常情况下,一般的物质产品使用价值是一次实现的,而文化产品可以多次重复使用;一般物质产品的使用价值对社会来说是中性的,评价它们的主要是消费者本身;而文化产品的使用价值对于社会来说是非中性的,有假、恶、丑与真、善、美之分,它们是作用于人的精神意识层面的,影响人们的价值判断、思想认识和审美观点,评价它们的不仅仅是消费者本人,还有社会的评判。其他的物质产品消费过程结束就意味着这一产品使用价值的终结,但对文化产品来说,其可以重复消费、多次消费而不减少这一产品的价值,在消费过程中还会产生增值。比如对艺术品的消费,多次重复的消费可以让消费者得到精神上的陶冶,在观赏、聆听、阅读过程中对审美对象进行感受、体验。在某些时候虽然是对物质的消费,但会对消费者精神产生积极影响,最终促进文化产业本身的发展。

三、文化产品的政治价值

所谓政治价值就是表示政治主客体关系的一个范畴,它指的是政治客体对政治主体

---

① 联合国教科文组织:《世界文化报告(2000)》,北京大学出版社2002年版,第114页。
② 庄思晦:《文化价值与商品价值——再谈文化能否市场化》,载《哲学研究》1994年第10期。
③ 参见《保护和促进文化表现形式多样性公约》第4条。
④ 参见《保护和促进文化表现形式多样性公约》序言。
⑤ 庄思晦:《文化价值与商品价值——再谈文化能否市场化》,载《哲学研究》1994年第10期。

需要的满足程度,即包括政治个体和政治组织在内的"政治人"即政治主体对政治生活的需求。换言之,政治价值就是政治客体对政治主体所具有的意义。① 根据这一定义,文化产品的政治价值就是指文化产品这一客体的政治属性对其主体需要的满足程度,也就是文化产品这一客体的政治属性对其主体的肯定性作用和意义。具有明确政治价值倾向的文化产品,会对受众的政治立场、观念产生影响;文化产品在其生产和消费过程中,其所体现的思想、价值观等得以传承,同时也影响着人们的文化认知、价值取向,从而也会影响人的行为模式。文化产品的政治价值主要体现在促进政治民主的发展、推动社会精神生产、维护社会稳定、深化民族认同。

从人类社会学来讲,政治是人类社会中存在的一种非常重要的社会现象,它影响了人类生活的各个方面。不管文化产品的生产者或服务的提供者是否有意识地在文化产品中介入政治内容,但是文化产品所具有的政治功能是客观存在的,并不以人的意志为转移的。文化在上层建筑中具有相对独立的能动力量,对人的主观能动性起着影响和支配的作用。"政治是经济的集中体现,属于上层建筑的范畴,但是一定的政治存在无论是国家形态的存在还是社会制度的架构,都是关于一定理想的生存方式追求的结果,是一种价值信仰和价值实现的产物,因此它又是文化的,是文化的权力运动的表现形态。"②文化可以对政治产生影响,文化产品在生产、消费过程中使其所包含的精神因素得以继续。文化会对人们的生活习惯、文化心态和世界观产生潜移默化的影响,这体现了文化对人的价值;文化赋予了人类一种操纵社会行为的新工具,同时也客观地塑造了人类的政治制度;文化固有的属性使人类得以发展到今天,文化的话语权、文化的解释权对政治意识形态产生渗透和影响作用,"因此文化的任何变动,文化存在结构的任何变动,都意味着一种权力关系的变动,一种政治关系的变动"③。当政治价值体系重构之际,文化产品可以当作启蒙的武器,是思想解放和引导变革的力量,直指旧的政治价值系统;当新的政治价值确立之后,文化产品则要承担起为现在的政治制度论证和辩护的作用。在现实的政治生活中,文化产品可以引起思想或意识形态的冲突。

从一个民族的角度来看,在特定的历史阶段可能会暂时失去主权意义上的国家形态,但是只要本民族的文化仍然存在,就可以重新恢复政治意义上的国家,因为这一民族文化可以作为国家的生命之源泉;假若这一源泉不复存在,就再无可能恢复民族意义上的国家。文化具有历史延续性,是一个不断调整、变化的整体,文化包括了对过去的延续,也包括了对现实的反映,同时也包括了对未来的追求。文化产品可以深化民族认同,民族认同指的是指一民族成员通过与其他民族的比较而产生的、对本民族在感情和意识上的归属感。

1993 年,美国哈佛大学国际关系学教授塞缪尔·亨廷顿在美国《外交》上发表了题为《文明的冲突》一文。他把文明界定为五种:克里特文明、埃及文明、美索不达米亚文明、哈拉巴文明和中国黄河流域文明。在文章中,他认为 21 世纪世界的冲突主题将不再是政治

---

① 丁志刚:《政治价值研究论纲》,载《政治学研究》2004 年第 3 期。
② 张耕:《民间文学艺术的知识产权保护研究》,法律出版社 2007 年版,第 49 页。
③ 胡惠林:《中国国家文化安全论》,上海人民出版社 2005 年版,第 179 页。

和政治意识形态之间的冲突,不是社会主义和资本主义的冲突,而是文明的冲突。文明的冲突是指未来这几大文明体系之间的冲突。随后,在 1996 年其出版的《文明的冲突与世界秩序的重建》中,他的观点发生了一些变化,比如说"维护世界安全则需要接受全球的多元文化性"。之所以发生变化,可能是由于他感到在世界范围内美国的霸权地位受到了挑战。但是不可否认,"美国今天的霸权地位已经延伸到了经济、货币、军事、生活方式、语言和铺天盖地地涌向全球的大众文化产品领域。这些文化产品左右着人们的思想,甚至使美国的敌人也为之着迷"①。

第一次世界大战后,欧洲的本土电影工业受到了沉重的打击,美国利用了这一机会向欧洲大陆输出了大量的好莱坞电影,到 20 世纪 20 年代中期,美国电影在欧洲已经形成了绝对统治地位,在英国占 95%,荷兰占 85%,法国占 70%,意大利占 65%,德国占 60%。美国文化的侵略性深深渗透进古老的欧洲文化之中。在美国价值观和生活方式的支配下,在以消费主义为基础的自由市场意识形态的驱动下,以大规模生产的美国娱乐文化产品为载体,全球文化的单一化或标准化正在渗透到地球的每一个角落。越来越多的国家指责美国文化扼杀和窒息了其他国家的文化产品。②

文化与政治的关系密不可分,文化的共性和差异影响了国家之间的利益。国家文化利益和国家物质利益一样,是一种具有终极意义的根本利益,正是这一根本利益直接关系到人们的生存方式,因此也是国家利益的体现。对国家文化利益的维护就可视为对国家生命的维护。

第三节　文化产品国际贸易

20 世纪 90 年代以来,随着数字技术的应用以及国家、地区和国际管理政策的变化,使得世界范围内文化产业的产业结构发生了巨大的变化。这些因素彻底改变了当今文化商品、服务和国家间的投资贸易的格局。这一节的内容主要是探讨文化产品国际贸易的流通概况以及影响因素。

一、文化产品国际贸易的界定

要界定文化产品国际贸易的概念,我们必须先从自由贸易和国际贸易的概念着手分析。文化产品在世界领域内的流通导致了文化产品国际贸易领域内两大理论的激烈冲突,即自由主义理论和贸易保护主义理论。

何为自由贸易(free trade)?联合国教科文组织在关于文化产业的报告中给出了描述。简单来讲,"自由贸易就是取消关税和进口货物配额"。这个定义是基于这样一种理

---

① 胡鞍刚,门洪华:《解读美国大战略》,浙江人民出版社 2003 年版,第 39 页。
② Tyler Cowen & Eric Crampton, Uncommon Culture, *Foreign Policy*, Washington, July, 2001.

念:市场是保证消费者以最合理的价格得到最好的产品并使全球财富得以增加的最好机制。取消关税壁垒和国家保护机制是为了使市场在没有任何限制的情况下运作。但这个关于自由贸易的定义没有考虑如下事实:并非所有的贸易伙伴都是平等的,并非所有的货物和服务都能画等号。在全球经济一体化的背景下,传统的自由贸易的定义已经过时了。因为随着全球服务贸易额不断激增,新的贸易壁垒形式正在取代过去的类似关税和进口货物配额这样的壁垒。在国际贸易中,一般有以下三种形式的壁垒:关税壁垒——财政方面的措施,如征收关税;非关税壁垒——立法的和常规的管理措施,如屏幕配额规定;投资壁垒——如对于外国资本和公平参与进行约束,对于公司领导人的国籍或资本流出进行限制等。①

国际贸易(international trade)是泛指世界各国(或地区)之间所进行的以货币为媒介的商品交换活动。它既包含有形商品(实物商品)的交换,也包含无形商品(劳务、技术)的交换,因而又可称为世界贸易(world trade)。它由各国(或地区)的对外贸易构成,是世界各国对外贸易的总和。②

关于文化产品国际贸易的概念,各国的专家学者、政府文件的观点也不统一。在联合国教科文组织统计研究所和联合国教科文组织文化处所发表的报告《1994—2003年特定文化产品和服务的国际流通》中,文化产品国际贸易(international trade in cultural products)被定义为有形或无形地传输文化内容的出口和进口,既可以是产品的形式,也可以是服务的形式,如图书、CD、电子游戏、印刷品或配音服务等。文化产品国际贸易也包括那些在生产和传播内容时所必需的产品和服务,其包括设备和辅助材料,同时也包括那些即使在内容上只有部分文化含量的辅助服务。这种方法尝试将那些改变传统文化产品贸易方式的信息通信技术(ITCs)及其发展包含在内。因为数字化环境和互联网技术的应用已经成为日益扩大的文化产品贸易体系的核心。信息和通信技术促使了新的创作工具、新的传播手段和新的形式出现,比如电子书和音乐的下载。③ 需要注意的是,这一报告之所以这样界定是出于贸易数据的海关统计需要,目的是为了说明文化产品的国际流通。但这一界定可以认为其准确地说明了文化商品与文化服务的含义。

除此之外还有学者对其作这样的描述,"文化产品贸易属于国际贸易中的一种特殊的服务贸易,它是与知识产权有关的文化产品和文化服务的贸易活动。文化产品不仅具有商品属性,同时也具有精神和意识形态属性"④。"国际文化产品贸易是指世界各国(各地区)之间进行的以货币为媒介的文化交换活动。它既包括有形商品的一部分,例如音像录影制品、纸制出版物等,也包括无形商品,例如版权、关税等。它是文化经济链条上的相关环节,如果说文化产业直接关注文化产品的生产,那么文化贸易则关注文化产品的下游,

---

① UNESCO, International Flows of Selected Cultural Goods and Services, 1994—2003—Defining and Capturing the Flows of Global Cultural Trade, p. 84. http://www.uis.unesco.org/template/pdf/cscl/IntlFlows_EN.pdf. 下载日期:2010年1月9日。
② 李怀亮:《国际文化贸易导论》,中国传媒大学出版社2008年版,第26页。
③ UNESCO, Culture, Trade and Globalization: Questions and Answers, p84. 参见张玉国、朱筱林:《文化、贸易和全球化》,载《中国出版》2003年第1期。
④ 周成名:《关于中国对外文化产品贸易的思考》,载《湖南涉外经济学院学报》2006年第3期。

关注与文化产品制造紧密连接的文化产品的流通、交易与销售领域"①。

而有国外学者指出,"从概念上讲,可交易的文化实体可被定义为能生产或分配物质资源的产品和服务,这些产品和服务能通过音乐、文学、戏剧、喜剧、文档、舞蹈、绘画、摄像和雕塑等艺术形式娱乐大众或激发人们思考。这些艺术形式,有的能以现场表演的方式(如音乐厅和舞台剧)展示给大众,有的却是先被存储记录下来(如在压缩光盘里)再卖给大众。这里面同样还包括储存和分配文化产品的机构。它们有的以公共服务的形式存在(如图书馆和博物馆);有的以商业的形式存在(如电视台和美术馆);有的则两者兼而有之"②。

综合以上的定义来看,笔者认为可以对文化产品国际贸易作如下界定:文化产品国际贸易是指国际间文化商品与文化服务的输入和输出的贸易方式,贸易的对象包括文化商品和文化服务。这里的文化商品和文化服务是跨境的产物。文化产品贸易的输出是指一方向另一方提供文化商品和文化服务并获得相应收入的过程;文化产品贸易的输入是指购买另一方文化商品和文化服务的过程。

二、文化产品国际贸易的流通概况

根据海关的数据,高收入的国家是文化产品的最大出口国和进口国。在这里需要注意的是海关统计仅包括有实体进出国家的产品贸易,换言之即为本论文中所指的文化商品。海关统计可以提供每种产品的来源国和目的国,但是令人感到遗憾的是,这里面的文化商品的文化来源不是那么容易加以确认。不考虑以上因素的话,海关按这些商品的可见的物理特征加以分类统计,即按商品名称和编码协调制度(HS)。

海关的统计数据显示,核心文化产品贸易在过去十年迅速增长,从1994年的383亿美元增长到2002年的592亿美元。根据联合国贸易和发展会议2005年的统计,文化产品国际贸易的全球市值估计有13000亿美元,并且从2000年起,这一行业一直以7%的速度在增长,根据联合国贸易发展会议2004年的统计,许多发展中国家和转型国家的年增长率在5%~20%之间。2002年,英国是最大的文化产品出口国,出口额达85亿美元;美国第二,出口额达76亿美元;中国第三,出口额达53亿美元。2002年美国是最大的文化产品进口国,出口额达153亿美元,这几乎是英国进口额的两倍;英国是第二大进口国,出口额达79亿美元;德国以42亿美元位居第三。③

在联合国教科文组织统计研究所和联合国教科文组织文化处所发表的报告《1994—2003年特定文化产品和服务的国际流通》中涉及了大量的海关统计数据,笔者借用其统计数据分别从不同的角度来说明当前文化产品的结构和变化。

(一)从区域和经济组团的构成及收入水平划分角度分析

在报告的附录6中,其列举了区域和经济组团的构成。在地理区域中,地理上的国家

---

① 李怀亮:《国际文化贸易导论》,中国传媒大学出版社2008年版,第26页。
② 李小牧、李嘉珊:《国际文化贸易:关于概念的综述和辨析》,载《国际贸易》2007年第2期。
③ 以上数据均来自于联合国教科文组织的官方网站。

分组遵循的是联合国系统按地理区域(洲)和地理亚区详细划分的国家分组。报告中作出了一些变化,和我们所通常采用的区域划分有所差别。在附表2中列举了区域分析的数据,数据分别据1994年和2002年这两年列举了按区域分类的核心文化产品的出口额和进口额。从整个区域的角度来看,欧盟15个国家在2002年占据了文化产品出口的主导地位,达到了所有国家出口额的51.8%,但是这个比重比1994年的54.3%要有所降低。在2002年,亚洲以21.2%的份额成为第二大出口区域,具体原因是由于东亚地区份额从1994年的7.6%增长到2002年的15.6%所造成的。因此北美就成为了第三大出口区域,其从1994年的25%降为2002年的16.9%。1994年地位不太显著的拉美和加勒比地区在2002年增长了1个百分点,从1.9%增长到3%。大洋洲和非洲1994年的份额不到1%,这种水平一直保持到2002年。

就进口的方面而言,在2002年欧盟15个国家仍然以40.6%的份额在文化产品国际贸易中占据着主导地位,但是与1994年的43.1%相比,其份额则略有所降低。从表中可以看出由于美国的原因使北美在进口额中提高了自己的地位,其从1994年的26.7%增长到了2002年的30.1%。亚洲也略微有所增长。而拉美及加勒比地区和大洋洲在世界进口贸易中的份额分别从1994年的4.4%和3.9%降为2002年的3.6%和2.5%。非洲2002年在国际文化贸易中充当一个边缘的角色,按现行美元价值仅占进口贸易总额的1%。

除此之外,报告还分别从收入水平这一角度进行了分析,根据报告附表3中所列出的数据可以看出发展中国家和转型国家在1994—2002年之间,每种文化构成都显示了较高的年均增长率;但是在绝对数量上,发展中国家和转型国家仍然远远落后于高收入经济体。①

(二)从文化产品国际贸易的构成角度分析

1. 核心文化产品与非核心文化产品

从文化产品国际贸易的构成这一角度来分析世界文化产品市场的结构时,不得不采用在联合国教科文组织统计研究所和联合国教科文组织文化处所发表的报告《1994—2003年特定文化产品和服务的国际流通》中提到的一个新的方法论,这一方法采用了文化产品划分的新标准。②

20世纪80年代,联合国教科文组织原有的统计分类法详细阐述了文化统计框架。联合国教科文组织文化统计框架(FSC)包括十种不同的类别,具体包括文化遗产、印刷文件和文献、音乐和表演艺术、视觉艺术、音频和视听媒体、社会文化活动、体育和比赛、环境和自然等。但是它们自1985年以来就没有修订过,因此不能反映20世纪80年代后期迅

---

① 以上相关数据的引用参见 UNESCO, International Flows of Selected Cultural Goods and Services, 1994—2003—Defining and Capturing the Flows of Global Cultural Trade, p. 95. http://www.uis.unesco.org/template/pdf/cscl/IntlFlows_EN.pdf. 下载日期:2010年1月9日。

② 其实,我们也可以从文化产品国际贸易构成的分类角度入手分析,但是考虑到有可能与后文中的章节在概念上造成混淆,所以回避了分类而采用了构成这一表述方式。本部分的内容侧重于不同产品和服务的流通数据分析。

速发展的信息通信技术的面貌。

正是由于联合国教科文组织文化统计框架的不足,因此这一报告把文化产品区分为"核心"(core products)与"相关"(related products)文化产品。在进行划分时主要出于以下考虑:

第一,这种划分是从文化产业和创意产业形成的区别中得到启发的。创意产业包括了如软件、广告、建筑和商业策划服务等其他一些领域,因此其比传统的文化产业更多地考虑了创造过程。上述活动或产业的产物在本报告中被定义为"相关"产品,而更传统的文化产物则被归类为"核心"文化产品。

第二,文化产品由有形的部分(the physical support)和无形的部分(cultural content)构成。文化产品的这种特征通过区分直接与文化内容相关的核心文化产品和那些服务于核心文化产品创造、生产和传播的服务、设备和辅助材料的相关文化产品来加以考虑。这种划分意味着,一张录有内容的唱片和相应的版权将被归类为"核心"文化产品,而空白光盘或CD播放机则被归类为"相关"文化产品。

具体而言,核心文化产品包括文物产品、图书、报纸和期刊、其他印刷品、已录制媒体、视觉艺术、视听媒体;核心文化服务包括视听及相关服务、版权使用费和许可费;相关文化产品包括设备/辅助材料、建筑设计和制图贸易以及商业广告品;相关文化服务包括信息服务、通讯社服务、广告和建筑服务、其他个人、文化和休闲服务。

2. 文化产品国际贸易的构成

据海关的统计,核心文化产品贸易额从1994年的383亿美元到2002年的592亿美元,它大约占到2002年全部贸易额的1%,在过去十年里,这个百分比基本没有变化。(见下表)

1994—2002年核心文化产品贸易额①

核心文化产品	2002年产值(十亿美元)	2002年份额(%)	1994—2002年份额变化率(%)
文物产品	2.2	3.7	−13.9
印刷媒体	18.2	30.7	−14.7
图书	11.3	19.1	−14.4
报纸和期刊	4.5	7.6	−23.1
其他印刷品	2.4	4.0	−13.2
已录制媒体	19.0	32.1	−1.0
视觉艺术	11.3	19.1	−3.6
视听媒体	8.5	14.4	117.4
核心文化产品总计	59.2	100	

---

① 资料来源:UIS based on data from UN Comtrade, DESA/UNSD, 2004。

对上表的数据进行简单的分析①:文物产品 2002 年以 22 亿美元的价值占 3.7%的份额。2002 年高收入国家以超过 98%的份额控制着进出口市场。这个份额从 1994 年一直保持到 2002 年。印刷媒体类由图书、报纸、期刊和其他印刷品构成,它们共占文化产品贸易额的 30.7%,其中,图书贸易占 19.1%,是这类产品中的主要部分。2002 年,印刷媒体总贸易额达 182 亿美元,包括图书 113 亿美元、报刊 45 亿美元和其他印刷品 24 亿美元。印刷媒体成为第二大贸易类别,仅次于已录制媒体,相比 1994 年 36%的份额有所下降。印刷媒体重要性的丧失是由于其在报告期内记录的贸易增长率较低。1994—2002 年间,报刊的增长率很低,年均仅 2.2%。2002 年从高收入国家出口的印刷媒体占图书出口的86.7%、占其他印刷品的 87.8%和报刊的 93.1%。类似的数字也反映在进口上,来自所有其他国家的流通很少;在国际文化产品流通中,已录制媒体的份额从 1994—2002 年仅降低了 1%。2002 年,此类产品占文化产品贸易总额的 32.1%。2002 年世界范围的已录制媒体贸易合计进口额达 194 亿美元、出口额 185 亿美元。视觉艺术由绘画和其他材料,如版画、丝网印刷、雕塑品原作、雕像和其他装饰物构成。按绝对价值计算,视觉艺术贸易在 2002 年达到了 113 亿美元。这些项目占文化产品贸易总额的 19.1%,是已录制媒体和印刷媒体之后的第三大贸易类别,1994—2002 年间相对位置比较稳定。视听媒体包括已曝光和已冲洗的摄影胶片、已曝光和已冲洗的电影胶片、使用电视机的电子游戏。电子游戏所占份额的持续上升(从 1994 年的 80%上升到 2002 年的 88%)把其他视听媒体项目压缩到了象征性存在的地步。因此,正是电子游戏推动着此类产品的演变,而摄影和电影产品的重要性仅仅是第二位的。

(三)从文化服务国际贸易角度分析

文化商品的数据是基于海关统计数据,而文化服务数据是按照国际收支差额来确定的。对于服务贸易的分析不同于对文化商品贸易的分析,这主要是由于服务统计是最近才有的,没有形成历史性的时间序列。以视听及相关服务为例,2002 年美国是最高水平的视听及相关服务出口国,达 69 亿美元;英国居第二位,仅有 15 亿美元。匈牙利、加拿大、厄瓜多尔的视听及相关服务占服务贸易总额的比例较高,分别达 52%、37%和 32%。

从当前西方国家对于文化产品贸易的研究来看,不仅在一些基本概念上存在分歧,而且各国对于文化产品进出口的统计方式也存在很大的差异。尽管统计数据的可靠性、可比性和分类标准等方面还存在很多问题,但是联合国教科文组织所列出的有关数据和各国文化产品贸易的统计数据,可以让我们清楚地了解各国文化产品贸易实践的格局。通过以上的数据研究发现,文化商品和服务的国际贸易是不平衡的,各国之间的实力差距还比较悬殊。特别是在视听媒体、已录制媒体、印刷媒体,当然包括图书、报刊在内,美国占

---

① 这些分析需要结合联合国教科文组织统计研究所和联合国教科文组织文化处所发表的报告《1994—2003 年特定文化产品和服务的国际流通》中表 1 和附表 2、3、5。UNESCO, International Flows Of Selected Cultural Goods And Services, 1994—2003—Defining and capturing the flows of global cultural trade, pp. 36~38. http://www.uis.unesco.org/template/pdf/cscl/IntlFlows_EN.pdf,下载日期:2010 年 1 月 9 日。

有绝对的优势地位,甚至在一些特定的领域内已经形成了国际性的垄断。总体上来看,国际文化贸易的迅速发展是世界范围内对增长的文化商品和文化服务需要的自然反应。

三、影响文化产品国际贸易流通的因素

费孝通在《从反思到文化自觉和交流》中曾对 21 世纪作出过这样的描述:"21 世纪是一个世界性的战国世纪","未来的 21 世纪将是一个个分裂的文化集团联合起来,形成一个文化共同体,一个多元一体的国际社会。而我们现在的文化就处在这种形成的过程中"[①]。从这一描述中我们可以看出其对"文化全球化"的认识,即多种文化在交流和碰撞中共存。

经济全球化的最终目的是实现世界范围内的自由贸易,理论上来讲文化全球化的最终目的应该是实现文化在全球范围内的交流和沟通。从上面的数据分析我们可以清楚地认识到,文化产品的进出口绝大部分集中于少数的发达国家之间。另外在文化产品的结构上也存在着严重的不均衡。因此有必要研究究竟是哪些因素导致了这一现象。

就此问题有学者考虑了七大因素,并且通过构建对数回归方程以美国对外文化贸易影响因素进行实证分析。主要包括:第一,经济发展速度。经济增长越快的国家,媒体投入越多,本土节目的供给能力就越强,自然会减少对外国电视节目的进口。以美国为例,如果贸易伙伴国的 GDP 越高,则潜在的文化进口需求越大,就越有利于美国向其出口文化。对于主要出口国而言,GDP 的增加会对其文化供给市场产生影响,表现为该国的文化生产能力提高,其出口就会扩大。第二,人口规模。较多的人口意味着较大的需求,因此人口规模的变化可能会对文化进口产生影响。第三,地理距离。许多文化商品仍依赖于国际间的货物运输,因此地理距离对国际文化贸易的影响依然存在。第四,文化距离。与一般商品不同的是,文化商品消费的是内容及内蕴的文化价值,因此文化距离可能是影响国际文化贸易规模的重要因素。如果两国的语言相同、文化背景和传统文化相通,则意味着两国间文化距离越近。使用同种语言有利于两国间文化贸易规模的扩大。第五,贸易条件。即出口商品价格指数与进口商品价格指数之间的比例。生产率的提高往往会带来出口商品成本和价格的降低,因此贸易条件变化也是国际文化贸易的重要影响因素。第六,贸易优惠政策。由于文化贸易涉及民族文化主权的独立性,保护性贸易政策构成国际文化贸易中的巨大壁垒。第七,科技应用水平。随着新媒体的兴起,文化商品消费对科技应用能力要求逐渐提高,因此不同科技应用水平的国家对文化商品的需求不同。[②] 最后,选取了美国及其 2003 年出口文化商品前 15 位的贸易伙伴为研究对象,运用对数回归方程的计算方式,在七大因素中得出了可能会产生影响的因素。

另外还有人引入了七种变量(影响因素),这七项因素和前面的相关,只是在第五、六、七这三个方面采用了不同的表述方式,如是否处于共同贸易区、是否有共同边界、传播技

[①] 费孝通:《从反思到文化自觉和交流》,载《读书》1998 年第 11 期。
[②] 陈晓清、詹正茂:《国际文化贸易影响因素的实证分析——以美国 1996—2006 年对外文化贸易双边数据样本为例》,载《南京社会科学》2008 年第 4 期。

术的使用,这三个方面和前面的五、六、七可以说是基本相同的。运用了相同的计算公式,只是选择的数据是以中国及其12个贸易伙伴为例。最后得出结论认为经济规模(GDP)、人口规模、地理距离、语言四个因素对中国有显著的影响。①

我们也可以从另外一个角度来考虑影响文化产品国际贸易流通的因素,也就是除了前面所提到的几个因素外,还可以从文化资源的丰富程度加以考虑。文化资源是前人创造的精神和物质财富历史积淀的结果,与物质性资源相比,文化资源具有不可再生性、独占性等特征。

因为文化产业不需要过多的硬性资源,比如自然资源、基础设施等,而集中在创造力、创新能力、人力资源、资金等方面。通过前面的数据分析,结合现有的资料,笔者认为主要的影响因素大致包括以下几个方面,即经济因素、人口因素、技术因素、制度因素②。

本 章 小 结

人类的存在不仅需要粮食,需要安全,需要真理,还需要安慰与梦想,需要解放与狂欢,需要终极关怀,需要精神家园。③ 社会的发展,必然涉及文化因素。20世纪中叶以来,在新的技术、新的生产与传播模式的参与和改造下,文化不但在当代社会的每一个领域都占据着从未有过的重要地位,而且形成了一种新的经济形式。如果说我们能从经济发展史中学到什么,那就是文化会使局面几乎完全不一样。在界定文化产品国际贸易的概念之前,首先要对与其相关的概念加以澄清。经济发展的自相矛盾之处在于,经济价值观不足以保证经济发展。经济发展十分重要,绝不可仅仅托付于经济价值观。一国人民接受什么价值观或不接受什么价值观,这属于文化领域的事情。所以我们也可以说经济发展是一个文化过程。④

文化产品与其他的一般商品不同,其区别就在于这一产品包括了文化的内容,这也是文化产品的一个特性。何为文化,古今中外对这一概念有大量的解析,如它是一种人的社会活动的产物。综合各种定义我们不难看出文化包含两个层次,即广义与狭义。文化具有几个明显的特点,首先,文化是一个群体所共享的;其次,文化对生活在该群体中的人产生各方面的影响;再次,文化改变的速度较慢。

通常认为,"文化产业"是指将本质上无形的和文化性的创造性内容的原创、制作和商品化结合在一起的产业。这个概念是指那些包含生产、创作、销售"内容"(contents)的产业。文化产业作为经济行业的一种,其与文化产品紧密相关,文化产品可以认为是文化产业的产物。

---

① 王璐瑶、罗伟:《中国"文化赤字"的影响因素——基于引力模型和面板数据的实证分析》,载《国际经济合作》2010年第5期。
② 此处的制度因素可理解为"贸易优惠政策"。
③ 张小元:《艺术论》,四川大学出版社2000年版,第38页。
④ [美]塞缪尔·亨廷顿、劳伦斯·哈里森:《文化的重要作用——价值观如何影响人类进步》,程克雄译,新华出版社2010年版,第45页。

文化产品包括文化商品和文化服务,文化商品是指表达理念、象征和生活方式的消费品;文化服务是指包括一整套针对文化实践的措施和支持设施,由政府、私人、准公共机构或公司提供给社会。这些服务包括诸如表演和文化活动的推广活动,以及文化信息及其保存。

文化产品具有商品的通常属性,因为同其他商品一样,它是为了交换而生产的劳动产品。但同时文化产品也具有非商品性,主要表现为它是一种社会意识形态,属于上层建筑的范畴。由于其具有双重特性,这就决定了文化产品体现了不同的价值追求,本书的侧重点就在于文化产品的特殊性,因为正是其特殊性引起了不同规则之间的矛盾与冲突。就国际贸易而言,体现为贸易自由和贸易保护两方面的冲突。

文化的生产和流通都是发生在特定的经济体制中,而经济体制则是由以下的要素构成,包括国家、经济、媒介、社会和机构的实践,文化及日常生活。不同国家就文化产品有不同的态度,影响最大的就在于这一国家在国际社会中文化产品国际贸易中的地位,我们可以通过具体的数据来分析,并探讨文化产品国际贸易流通的影响因素。

第二章

文化产品国际贸易的国际规则

第一节 世界贸易组织的规则

1995年1月1日正式开始运作的世界贸易组织(WTO)是一个负责管理多边贸易体制顺利运行的国际组织。从1986年开始,在GATT 1947的框架下历经8年的艰苦谈判才得以成立。世界贸易组织在国际社会举足轻重的地位和作用,远不限于国际贸易乃至各国经济繁荣,还直接或间接关系到国际经济秩序乃至政治秩序的稳定,关系到世界和平的保持。① 《马拉喀什建立世界贸易组织协定》的序言中指出,"本协定各参加方,认识到在处理它们在贸易和经济领域的关系时,应以提高生活水平、保证充分就业、保证实际收入和有效需求的大幅稳定增长以及扩大货物和服务的生产和贸易为目的",并进一步表达了成员方致力于"期望通过达成互惠互利安排,实质性的削减关税和其他贸易壁垒,消除国际贸易关系中的歧视待遇,从而为实现这些目标作出贡献"。

在世界贸易组织规则中,并不存在单独的调整文化产品国际贸易的规范。因此文化产品国际贸易所遵守的规则是世界贸易组织中关于货物和服务贸易的一般规则。同样,文化产品国际贸易也适用与其他货物或服务相关的例外。这些例外与一般规则是相一致的。世界贸易组织的宗旨之一是促进世界贸易的更大自由化,对于文化产品国际贸易,其相关的规则对于文化产品的文化属性问题很少关注,但是可以根据文化产品所体现的公共秩序、公共道德等方面的内容,在遵循特定的条件时可以背离国民待遇义务、数量限制义务等贸易义务。

从前面关于文化产品的界定以及文化产品贸易的规模及流通情况,我们可以清楚地看到,文化产品国际贸易属于贸易的一个分支,当然文化产品贸易也就应当遵循世界贸易组织的规则。② 但是需要注意的是,正是由于文化产品所具有的双重属性,导致在适用世界贸易组织规则的过程中各成员方产生冲突。

---

① 赵维田:《世界贸易组织的法律制度》,吉林人民出版社2000年版,第1页。
② 正是由于文化产品所具有的双重属性,导致在适用世界贸易组织规则的过程中各成员方产生冲突。本节主要说明了与文化产品国际贸易有紧密关系的WTO的一些规则。

一、GATT 与 GATS

(一)GATT

GATT①(General Agreement on Tariffs and Trade)是世界上第一部在国际经济关系中规范各国的关税与贸易政策的多边协定。它产生于第二次世界大战结束初年,源于20世纪二三十年代,是国与国之间贸易战愈演愈烈,结果阻塞了国际贸易的渠道,德、意、日法西斯趁机上台,最终导致第二次世界大战爆发的惨痛历史悲剧的总结。②

在1945年12月,英美两国政府提出了建立国际贸易组织(International Trade Organization,ITO),并拟定"国际贸易组织"宪章。1947年4月至10月在日内瓦举行的筹委会第二次会议上由23个会议参加国在双边的基础上进行了削减关税的谈判,达成了123项双边减税协议,为了保证关税减让带来的贸易自由化成果不会被各国采取非关税措施抵销,谈判国把筹委会第二次会议通过的《国际贸易组织宪章(草案)》中的"贸易政策"部分,也就是限制与管理各国政府的非关税措施部分抽出来,与上述双边减税协议合并修订成为一个完整的文件,这一文件就称为《关税与贸易总协定》。然而为了避开协议参加国国内法要求的批准程序,这就迫使参与减让谈判的8个国家代表对这一协定再次进行了变通,于是就把《关税与贸易总协定》内作为临时文件的程序规则提取出来,单独构成一个《临时适用议定书》,一直适用到《国际贸易组织宪章》正式生效。后来由于美国的原因致使《国际贸易组织宪章》无法生效,原来打算临时适用的《关税与贸易总协定》一下子"临时"适用了近半个世纪。

作为世界贸易组织协定的附件1A中,采取了"GATT 1947"和"GATT 1994"两个含义不尽相同的概念术语。在《马拉喀什建立世界贸易组织协定》第2.4中指出,附件1A所列《1994年关税与贸易总协定》(下称"GATT 1994")在法律上不同于1947年10月30日的《关税与贸易总协定》后者附在《联合国贸易与就业会议筹备委员会第二次会议结束时通过的最后文件》之后,以后又历经更正、修正或修改(下称"GATT 1947")。而"GATT 1994"除了包括"GATT 1947"外,"还包括《WTO协定》生效之日前在GATT 1947项下已实施的以下所列法律文件的条款"。③ 之所以采用两种表达方式,主要是为了避开国际法中关于条约修订的法律障碍。根据GATT 1947第30条的规定:

1.除非本协定其他部分对修改作出规定,否则对本协定第一部分的规定或对第29条或本条规定的修正需经所有缔约方接受方可生效、对本协定的其他修正应经缔约方的三分之二接受后对接受修正的缔约方生效,并在此后对接受修正的每一其他缔约方生效。

2.接受本协定修正的任何缔约方应在缔约方全体规定的期限内向联合国秘书长交存接受书。缔约方全体可决定根据本条生效的任何修正是否属如下性质:即在缔约方全体

---

① 此处的GATT,包括了GATT 1947和GATT 1994。
② 王传丽主编:《国际贸易法》,法律出版社1997年版,第578页。
③ 参见《1994年关税与贸易总协定》第1条。

规定的期限内未接受修正的任何缔约方有权退出本协定,或经缔约方全体同意仍为本协定缔约方。

国际法中关于条约的修正"只对接受的缔约方生效"这一规则,使得在接受修订后条约的一方与不接受修订的另一方之间仍然适用修订前的原有条约,这与乌拉圭回合达成的"一揽子"协议的标准是不一致的。因此"把现在 GATT 1994 所含的 200 多个原 GATT 文件并入 GATT 1947,全盘重新写成一个统一文件,其法律工程难度之大,马拉喀什会议期限之短,都是不现实的。所以只能用'GATT 1994'来概括"。①

GATT 通过逐轮关税减让谈判,达成逐步深化的"关税减让协议",通过这一途径消除阻碍世界贸易发展的关税壁垒,并强调各缔约方只能以关税作为保护本国市场的唯一手段。除《关税与贸易总协定》(GATT)另有规定外,任何缔约方不得采取除关税以外的其他非关税措施来限制其他缔约方产品的进入。从前面关于文化产品的界定,我们认识到文化产品包括文化商品,文化产品国际贸易属于贸易的一个分支,当然文化产品贸易也就应当遵循世界贸易组织协议中的 GATT 规则。② 但是需要注意的是,正是由于文化产品所具有的双重属性,导致在适用 GATT 规则的过程中各成员方产生冲突,因为各成员方在大多数情形下都不是通过关税这一措施来保护国内文化产品的。

(二)GATS

GATS 是 1982 年美国在 GATT 部长级会议上提出进行多边服务贸易谈判的建议,1986 年的"乌拉圭回合"谈判将服务贸易纳入谈判议题。直到 1993 年 12 月"乌拉圭回合"谈判结束时,终于达成了《服务贸易总协定》。"GATS 是乌拉圭回合谈判中各方利益冲突、调和以及妥协的产物;GATS 的诞生标志着 WTO 缔约方管理服务贸易的政府行为开始受到多边贸易法制的约束。"③

服务作为"第三产业"到 20 世纪 70 年代才被人们独立分列成为单独部门,而且在美国与欧洲一些发达国家,它的发展十分迅速。④ 在乌拉圭回合的早期准备阶段,只有美国强烈要求将服务纳入多边贸易的谈判轨道。美国之所以需要把服务贸易纳入多边贸易框架,反映了美国在国际贸易中比较优势的转换趋势。美国的这一态度受到了一些发展中国家的强烈反对和抵制,因为发展中国家的服务业比较弱,基本上是处于萌芽状态或起步阶段;如果推行服务贸易自由化,它们的服务企业还没有所发展就会被发达国家挤出市场。反对者的态度后来有较大变化,原因在于发展中国家认识到多边服务贸易协定的谈判和制定也将给自身带来利益,因为发展中国家的服务业总体上来讲仍处于弱势,但也出现了一些相对较强的服务行业,如建筑和航海业中的人力资源优势、旅游资源优势等;同时也为了换取美国等西方国家在发展中国家拥有较大利益的纺织品、农产品等领域谈判

---

① 赵维田:《世界贸易组织的法律制度》,吉林人民出版社 2000 年版,第 29 页。
② 正是由于文化产品所具有的双重属性,导致在适用世界贸易组织规则的过程中各成员方产生冲突。本节主要说明了与文化产品国际贸易有紧密关系的 WTO 的一些规则。
③ 房东:《WTO〈服务贸易总协定〉法律约束力研究》,北京大学出版社 2006 年版,第 1 页。
④ 赵维田:《世界贸易组织的法律制度》,吉林人民出版社 2000 年版,第 346 页。

中作出让步；因此基于这些共识，乌拉圭回合把服务贸易列入新的议题之一进行谈判，并成立了专门的谈判组织(Negotiating Group for Trade in Services，NGTS)。在 NGTS 的主持下，各缔约方对服务贸易的定义和统计、多边框架的适用范围等多方面问题进行了广泛讨论。各谈判参加方在乌拉圭回合结束后，于 1994 年 3 月 15 日在马拉喀什会议上签署了《服务贸易总协定》。作为乌拉圭回合"一揽子"协定的组成部分，于 1995 年 1 月 1 日生效。①

在考虑 GATS 对国际贸易的促进价值时，或许可以考虑以下几个因素：谈判结果是否减少了服务贸易障碍；GATS 各项纪律是否能够限制成员采取新的服务贸易壁垒；GATS 框架和争端解决机制是否便利服务贸易争议的解决；GATS 是否为各成员的服务提供者建立了透明和稳定的竞争环境等。从这几个因素来看，GATS 的达成即是乌拉圭回合谈判的一个重要成果，同时在促进服务贸易自由化方面也留下了不少遗憾。②

GATS 把缔约方的义务分为一般性义务和特定性义务，一般性义务是各缔约方普遍承担的义务，包括最惠国待遇、透明度、发展中国家的更多参与、一般例外等；特定性义务是各缔约方作出特定承诺后才承担的义务。这两类义务适用的范围不同，前者适用于服务业的各个部门，而后者仅适用于缔约方承诺开放的服务部分，主要体现在服务市场准入和国民待遇方面。

从前面的分析中可以看出文化产品贸易包括文化产品服务贸易，因此文化产品服务贸易属于服务贸易的一部分。

二、WTO 规则下的市场准入

(一)GATT 的市场准入

GATT 的规则首先要解决的是市场准入③，排除一切关卡和障碍(barrier，现通常译作"壁垒")。要把各缔约方对跨国界货物流通的干预、限制或阻挠减少到最低限度，排除各式各样对正常贸易的扭曲。④ 在 GATT 的法律文本中并没有独立的条款对市场准入进行界定，有学者指出，"单一关税保护(及其减让)和取消数量限制是 GATT 在市场准入方面的两项基本准则"⑤。文化产品国际贸易所面临的问题同样存在市场准入问题，我们根据这两项基本准则来分析 GATT 中涉及文化产品国际贸易的条款。

GATT 第 11.1 条指出："任何缔约方不得对任何其他缔约方领土产品的进口或向任何其他缔约方领土出口或销售供出口的产品设立或维持除关税、国内税或其他费用外的

---

① 杨斐：《WTO 服务贸易法》，中国对外经济贸易出版社 2003 年版，第 77 页。
② 石静霞：《WTO 服务贸易法专论》，法律出版社 2006 年版，第 18 页。
③ 市场准入指的是贸易机会的有无问题，具有绝对性。
④ Emest-Ulrich Pertersmann, The Dispute Settlement of WTO and the Evolution of the GATT Dispute Settlement System Since 1948, *Common Market Law Review*, 1994, p.1160. 转引自赵维田：《世界贸易组织的法律制度》，吉林人民出版社 2000 年版，第 9 页。
⑤ 龚宇：《WTO 农产品贸易法律制度研究》，厦门大学出版社 2005 年版，第 81 页。

禁止或限制,无论此类禁止或限制通过配额、进出口许可证或其他措施实施。"①从这一条款的规定可以看出,除关税、国内税收或其他费用外,任何缔约方不得对产品进出口设置禁止或限制措施。

由于关税是透明的,并且具有确定性和可预见性,各国可以通过减让谈判的方式使关税得以降低,因而不会让其构成国际贸易中的壁垒。因此通过关税的方式提供保护是GATT所允许的。另外进出口数量限制一直是阻碍自由贸易的一大障碍,随着关税水平的不断下降,作为非关税壁垒的数量限制就得到广泛采用,如果不对这一非关税壁垒加以限制,关税减让的成果极有可能付之一炬。因此 GATT 把取消数量限制作为实现自由贸易的主要环节。

就文化产品国际贸易而言,由于文化产品的特殊性,各国在涉及文化产品的贸易时,通常都会或多或少地对本国的文化产品提供保护,但是这种保护常常会限制外国同类文化产品的市场准入。当关税不足以成为保护国内文化产品的措施时,就会采取非关税壁垒这种措施。

例如,就电影、电视和广播而言,各国经常会采取本土内容最低限度要求,这一要求可视为是一种配额限制,通过非关税的方式限制外国的文化产品进入本国市场。比如说加拿大的广播政策,"在节目的制作和播出时,每一广播机构须最大限度地利用加拿大的有创造力的人和其他资源,并且决不能低于以占主导地位的方式加以利用的要求"②。其要求广播的内容应最大限度地采用加拿大制作的节目。在 1968 年,加拿大成立了加拿大广播电视委员会(简称 CRTC),其任务是"将广播电视台及其网络有效地掌握和控制在加拿大人手中,以此去捍卫、丰富和增强加拿大的文化、政治、社会和经济结构"。CRTC 以受众人数为标准,当受众人数超过全国人口 70% 以上的称为第一类广播电视机构,不足 70% 的为第二类广播电视机构。这两类广播电视机构都必须执行全天播出节目中加拿大节目须占 60%、夜间须占 50% 的规定。除了加拿大之外,其他一些国家,如澳大利亚、法国等都有类似的规定,以保护国内的文化产品。

从这些国家的国内法规和政策措施可以看出,对文化产品的保护是通过非关税以外的其他措施来限制市场准入的,这种限制是否合理、合法,下一章节再作详细分析。文化产品国际贸易就市场准入而言,现实中存在过多的限制,这些限制是否可以构成文化产品国际贸易的例外,尚有待分析。

(二)GATS 的市场准入

影响服务贸易自由化的关键因素之一是服务提供者能否进入市场提供服务。鉴于服务贸易的无形性特点,该领域的主要壁垒形式体现为成员的法律、法规、行政规章、行业规

---

① 参见 GATT 1947 第 11.1 条。

② "Each broadcasting undertaking shall make maximum use, and in no case less than predominant use, of Canadian creative another resources in the creation and presentation of programming". 参见 *Broadcasting Act* 1991(Canada),3.(1).(f). http://laws.justice.gc.ca/PDF/Statute/B/B-9.01.pdf,下载日期:2010 年 1 月 30 日。

则与纪律等。在货物贸易领域行之有效的关税方法基本上不适用于服务贸易,在 GATT 机制下取得的非关税壁垒关税化的成果也同样地对服务贸易不起作用。①

GATS 第 16 条是关于市场准入的专门规定②,第 1 款要求每一成员对任何其他成员的服务和服务提供者给予的待遇,不得低于其在具体承诺表中同意和列明的条款、限制和条件;第 2 款所规定的六项内容是禁止各成员采取的市场准入限制措施,前四项是数量方面的限制,第五项是对外国提供者通过商业存在方式设立的法律实体形式的限制,最后一项是对外资参与程度的限制。第 16 条第 2 款的规定类似于 GATT 第 11.1 条,前面的四项是对一般数量限制的制止。但是缔约方在 GATS 项下对于市场准入和国民待遇具有较大的灵活性,因为这两项义务取决于缔约方在具体的承诺表中所承诺的部门以及开放程度。就文化产品而言,没有作出市场准入承诺的服务部门,就不存在市场准入这一问题;若缔约方在特定的部门已经作出了市场准入的承诺,这些承诺表中就包含了对那些承诺所作出的限制,这一限制说明了缔约方的这些政策措施所希望的限制种类和限制程度。

三、WTO 规则下的国民待遇

(一)GATT 中的国民待遇

国际贸易中的国民待遇③是经过长期的历史实践所形成的。GATT 第 3 条的标题为"国内税和国内法规的国民待遇",总共包括 10 个条款。其中在第 1 款中作出如下描述:"各缔约方认识到,国内税和其他国内费用、影响产品的国内销售、标价出售、购买、运输、分销或使用的法律、法规和规定以及要求产品的混合、加工或使用的特定数量或比例的国内数量法规,不得以为国内生产提供保护的目的对进口产品或国产品适用。"④

在这一条款中,我们可以看出其是针对国内产品和进口产品的,就文化产品国际贸易而言,可以说文化产品也在其适用范围之内。在第 3 条的其他条款中,就国内产品采用了诸如"缔约方境内产品"、"产品国籍"等说法,其中就涉及了产品国籍的判定。另外,我们还可以看出这一条款中明确指出了适用国民待遇的两种情况,即国内税收及其他国内费用和政府管理措施(影响产品国内销售等的法律、法规)。而且还可以看出这一条款强调

---

① 王贵国:《世界贸易组织法》,法律出版社 2003 年版,第 158 页。
② 具体规定:1.在第一条所确定的服务提供方式的市场准入方面,每个成员给予其他任何成员的服务和服务提供者的待遇,不得低于其承诺表中所同意和明确的规定、限制和条件。2.在承担市场准入承诺的部门中,一成员除非在其承诺表中明确规定,既不得在某一区域内,也不得在其全境内维持或采取以下措施:(a)限制服务提供者的数量,不论是以数量配额、垄断、专营服务提供者的方式,还是以要求经济需求测试的方式;(b)以数量配额或要求经济需求测试的方式,限制服务交易或资产的总金额;(c)以数量配额或要求经济需求测试的方式,限制服务业务的总量;(d)以数量配额或要求经济需求测试的方式,限制某一特定服务部门可雇佣的或一服务提供者可雇佣的、对一具体服务的提供所必需或直接有关的自然人的总数;(e)限制或要求一服务提供者通过特定类型的法律实体或合营企业提供服务的措施;(f)通过对外国持股的最高比例或单个或总体外国投资总额的限制来限制外国资本的参与。
③ 国民待遇指的是贸易机会的多少问题,具有相对性。
④ 参见 GATT 1994 第 3 条。

的内容,即不得以国内税收和政府管理作为保护产品的方法。

当前 GATT 各成员通过谈判建立了大家共同遵守的关税体系来对各成员方之间的贸易进行调整,如果任由各成员制定法律或法规以对进口产品进行歧视,就会打破已经建立起来的平衡,比如说通过国内税收的方式对进口产品施加歧视。① 国民待遇要求各成员国对于同类的进口产品采取和国内产品相同的方式来对待,但是对于文化产品而言是否同样也适用,这是一个值得探讨的问题。对于文化产品的这一重要属性,即文化或精神属性,国际贸易规则应给予一定的特殊保护,如通过税收或国内法规来保护文化产品,使其构成国民待遇原则的一个例外。

就文化产品而言,国内所采取的文化政策措施通常会限制外国的文化产品而保护本国的文化产品,如果这些措施是合法、合理的,那就会在国内产品与进口产品之间形成事实上的歧视,违背了这一原则。以中国和美国之间出版物和音像娱乐制品争端为例,2007 年 4 月 10 日,美国要求中国就出版物和音像娱乐制品的相关措施进行磋商,其中就包括了电影、家庭音像制品(如 DVD)、录音制品以及出版物(书籍、报纸、期刊等)产品贸易权方面的限制。根据国民待遇条款的要求,对于这些进口产品和国内产品应该是无差别的待遇,但从美国所提出的主张可以看出,中国的一些法律就与国民待遇不相符合。②

从实践来看,文化产品国际贸易中国民待遇的目标还存在诸多困难,各国采取各种措施限制进口文化产品,这就在进口文化产品与国内文化产品之间形成了歧视,这些歧视是否可以认为是文化产品国民待遇的一种例外?GATT 第 3 条第 10 款,"本条的规定不得阻止任何缔约方制定或维持与已曝光电影片有关的,且满足第 4 条要求的国内数量法规",就可认为是 GATT 就电影这一文化产品关于国民待遇的例外。

(二)GATT 对电影片的特殊规定

从上面的国民待遇我们可以看出,在第 3 条第 10 款中专门就电影问题作出了国民待遇例外的规定。其实在 GATT 就国民待遇义务进行起草的时候,有些国家认为关税对于国内的电影产业所起的保护作用是远远不够的,需要采用其他非关税措施以弥补这一不足。最受推崇的就是数量限制,即通过配额来保护国内电影产业。因此 GATT 第 4 条就反映了各成员方在电影方面所达成的妥协。

GATT 第 4 条规定:"如任何缔约方制定或维持有关已曝光电影片的国内数量法规,则此类法规应采取符合下列要求的放映限额的形式。"其中的第 1 款是有关放映限额的要求,规定在不少于 1 年的特定期限内,国产电影片的放映应在来自任何国家的所有电影片的商业性放映实际使用的全部放映时间内占一定的特定最低比例。放映限额应根据每年或相等时间内每一电影院的放映时间计算。第 2 款要求除根据放映限额为国产电影片保

---

① Robert E. Hudec, GATT/WTO Constraintson National Regulation: Requiem for an "Aim and Effects" Test, 32 *Int'l Law*, 1998, p. 619.

② 具体参见 China—Measures Affecting Trading Rights And Distribution Services for Certain Publications and Audiovisual Entertainment Products, *Report of the Pannel*, WT/DS363/R, 12 August, 2009.

留的放映时间外,包括原为国产电影片保留的、后经行政行为放开的时间在内的放映时间,不得在形式上或实际上在各供应来源之间进行分配。第 3 款则规定了补充性的规定,"即对实行放映限额的缔约方之外的一特定来源的电影片保留放映时间的最低比例;但是此类放映限额的最低比例不得提高至超过 1947 年 4 月 10 已实施的水平"。第 4 款对放映限额的限制、放宽或取消规定了谈判这一途径。①

从 GATT 第 4 条的条款可以看出,GATT 允许各成员方对于国产电影片的放映实行最低限额放映的国民待遇义务例外,这一规定在上述第 3 条第 10 款中也被明确承认。但需要注意的是,条款中明确指出"缔约方制定或维持有关已曝光电影片的国内数量法规",也就是说电影片国民待遇的例外途径只能是通过数量限制之方式。

(三)GATS 中的国民待遇

在 GATS 中,国民待遇原则是作为特别适用的原则在"特定义务承诺"部分加以规定的,各缔约方可以对这一原则加以保留,并通过承诺和谈判的方式逐渐达成市场自由化。这一规则在 GATS 中体现了发达国家和发展中国家的妥协,但总体上对发展中国家是有好处的。GATS 第 17 条规定了服务贸易领域的国民待遇,该条共分为三款②。这一条要求每一个成员在其承诺义务安排表所列的部门和依表内所述各种条件和资格给予其他成员方的服务及服务提供者的待遇水平不应低于其给予本国的服务和服务提供者的待遇。从这一规定中可以看出 GATS 对国民待遇的态度是相当宽松的,可以让各缔约方在其承诺计划安排表中对适用范围作出承诺,承诺一旦作出的话,任一缔约方必须给予其他缔约方的服务及服务提供者不低于本国相同服务和服务提供者的待遇水平。

与 GATT 第 3 条所规定的国民待遇不同,GATS 第 16 条中,缔约方的承诺表是其义务的具体体现,各缔约方只在承诺表中列出的部门范围和限度内承担国民待遇义务;而 GATT 中的国民待遇则是无条件和强制性的普遍义务。GATS 承诺表中的义务可以让各缔约方根据其服务业发展的具体情况作出开放市场的承诺,决定哪些部分或分部门给予国民待遇,同时也可以列出提供国民待遇的条件及限制。

正如我们前面提到的,缔约方在 GATS 项下对于市场准入和国民待遇具有较大的灵活性,因为这两项义务取决于缔约方在具体的承诺表中所承诺的部门以及开放程度。就文化产品而言,如果没有作出给予国民待遇承诺的服务部门,就不存在市场准入这一问题;若在特定的部门缔约方已经作出了给予国民待遇的承诺,这些承诺表中就包含了对那些承诺所作出的限制,这一限制说明了缔约方对于其政策措施所希望的限制种类和限制程度。

---

① 参见 GATT 1994 第 4 条。
② GATS 规定:"1. 在列入其承诺表的部门中,在遵照其中所列条件和资格的前提下,每个成员在所有影响服务提供的措施方面,给予任何其他成员的服务和服务提供者的待遇不得低于其给予本国相同服务和服务提供者的待遇。2.一成员给予其他任何成员的服务或服务提供者的待遇,与给予本国相同服务或服务提供者的待遇不论在形式上相同或形式上不同,都可满足第 1 款的要求。3. 形式上相同或形式上不同的待遇,如果改变了竞争条件从而使该成员的服务或服务提供者与任何其他成员的相同服务或服务提供者相比处于有利地位,这种待遇应被认为是较低的待遇。"

四、WTO 规则下的例外

(一)GATT 1994 中的一般例外

从国际公法的角度来说,条约是各成员方为了特定的利益而让度了部分主权,在某些情况下是国家之间妥协的结果,WTO 协议也不例外。由于 WTO 成员数量较多,并且相关的协议也涉及了缔约方的经济政策或体制,甚至在某些情况下也会涉及一些比较敏感的政治问题。在国际贸易中,如果一缔约方履行了 WTO 所规定的义务,就会对缔约方的公共政策或公共利益形成现实的或潜在的损害。出于协调这一矛盾,或为了在两者之间达成一种平衡,WTO 在其法律框架内采取了较为灵活的规则,即例外①规则。

就国民待遇原则而言,尽管国民待遇原则是各成员方所必须遵守的,但也存在一些例外情况可以使各成员方暂时回避这种义务。因为 GATT 1994 的这一规则有时候不可避免地会遇到"国家主权"这一敏感问题,为使国民待遇原则不受到"国家主权"这一问题的干扰并能够有效发挥作用,WTO 就在其法律框架下为自由贸易制定了若干的例外规则。

就我们所研究的对象——文化产品而言,GATT 1994 第 20 条的例外条款与之相关的只有(a)(f)这两款规定。

GATT 1994 第 20 条规定,"在遵守关于此类措施的实施不在情形相同的国家之间构成任意或不合理歧视的手段或构成对国际贸易的变相限制的要求前提下,本协定的任何规定不得解释为阻止任何缔约方采取或实施以下措施:

(a)为保护公共道德所必需的措施;

(f)为保护具有艺术、历史或考古价值的国宝所采取的措施"。②

GATT 1994 第 20 条的前言部分是关键部分之一,在援引子项中的各项例外以证明其贸易限制措施具有合理性和正当性时,不仅需要证明符合子项中的规定,还要符合前言的规定。从专家小组和上诉机构所作出的裁决中可以看出,缔约方证明与前言相符合的难度比证明符合例外子项规定更加困难。

对 GATT 1994 第 20(a)条中的公共道德,无论是专家小组还是上诉机构都没有给出具体的含义,文本中也没有作出详细说明,但是在"美国博彩服务案"中,专家小组对 GATS 中的公共道德作出了相应的分析。③

---

① 在此仅列出 GATT 1994 与 GATS 中都存在的"一般例外",后文还会作具体的分析。
② 具体规定参见 GATT 1994 第 20 条。
③ 此案例的分析在下文中作出。

(二) GATS 中的一般例外

GATS 第 14 条关于一般例外的条款由两个部分组成，①在前言部分对各缔约方采取子项中所列举的例外措施规定了一些限制，强调了几个特定的条件，包括"情形类似的国家"、"任意不合理的歧视手段"、"构成对服务贸易的变相限制"。正如对 GATT 1994 第 20 条的分析一样，在"美国博彩服务案"中②，专家小组认为，这条规定在适用于与服务有关的例外时，首先要考虑的是所采取的措施是否与子项中某种例外相符合，其次要审查这一措施是否与前言相符合。只有在这两个方面都符合相关的措施才能根据这一条获得正当性。

GATS 和 GATT 1994 在对于一般例外的前言的规定上还有一些较为细小的差别，用"情形类似"代替了"情形相同"；用"服务贸易"取代了"国际贸易"。③

虽然本条中并不存在直接与文化产品贸易相关的条款或用语，但 GATS 14(a) 中"为保护公共道德或维护公共秩序所必需的措施"与下文分析文化产品贸易有紧密的关系。这项规定源自于 GATT 1994 的第 20 条(a) 的例外，但与其不同的是，GATS 中增加了"维护公共秩序"这一项内容，并且在注释 5 中作出了进一步的解释说明，"只有在社会的某一根本利益受到真正的和足够严重的威胁时，方可援引公共秩序例外"。其他的条件分析，GATS 在案例中也借鉴了专家小组和上诉机构在货物贸易领域对其适用条件的分析。

第二节　联合国教科文组织的规则

1945 年 11 月 16 日，37 个国家的代表汇聚伦敦，签署教科文组织《组织法》，在 20 个签约国批准之后，《组织法》于 1946 年 11 月 4 日生效。同年联合国教育、科学及文化组织(VNESO) 成为联合国的专门机构之一，简称为联合国教科文组织。教科文组织致力于在尊重共同价值观的基础上为不同文明、文化和民族之间开展对话创造条件。正是通过这种对话，世界才能实现可持续发展的全球愿景，包括尊重人权、相互尊重和减轻贫困，所有这一切都是教科文组织的核心使命和活动。教科文组织的使命是通过教育、科学、文化、传播与信息，促进建设和平、消除贫困、可持续发展和文化间对话。致力于保护各个层面的遗产并加强文化表现形式，促进文化多样性。促进多元主义、文化间对话、和平文化以

---

① "在此类措施的实施不在情形类似的国家之间构成任意或不合理歧视的手段或构成对服务贸易的变相限制的前提下，本协定的任何规定不得解释为阻止任何成员采取或实施以下措施：(a) 为保护公共道德或维护公共秩序所必需的措施；(b) 为保护人类、动物或植物的生命或健康所必需的措施；(c) 为使与本协定的规定不相抵触的法律或法规得到遵守所必需的措施，包括与下列内容有关的法律或法规……(d) 与第 17 条不一致的措施，只要待遇方面的差别旨在保证对其他成员的服务或服务提供者公平或有效地课征或收取直接税；(e) 与第 2 条不一致的措施，只要待遇方面的差别是约束该成员的避免双重征税的协定或任何其他国际协定或安排中关于避免双重征税的规定的结果。"

② 参见 WT/DS285/R,10 November 2004, para. 6.581.

③ 房东：《WTO〈服务贸易总协定〉法律约束力研究》，北京大学出版社 2006 年版，第 167 页。

及文化在可持续发展方面的核心作用,增强社会凝聚力;促进自由、独立、多元化的通信和普通获取信息的权利;促进以创新方式应用信息和传播技术,推动可持续发展。①

联合国教科文组织承担着促进思想自由交流的使命,在促进承载文化内容的文化产品自由贸易时,防止完全自由的文化产品贸易破坏文化的多样性。在联合国教科文组织,文化产品贸易是促进思想交流的手段,而非目的。

一、促进教育、科学和文化性质的视听材料国际流通的协定

《促进教育、科学和文化性质的视听材料国际流通的协定》(又称为《贝鲁特协定》)是联合国教科文组织最高权力机关于1948年在贝鲁特举行的第三届会议上通过的。这份公约是该组织通过的第一份国际公约。②

《促进教育、科学和文化性质的视听材料国际流通的协定》共有16条,其中第1条和第2条是关于本协定的适用对象范围,第1条指出:"本协定适用于对教育、科学和文化性质的视听材料。视听材料应具有教育、科学和文化特征:(a)当其主要的目的或效果在于通过……"第2条就第1条中提到的视听材料进行了界定,指出其包括下列类型:"(a)电影、幻灯卷片、缩微产品,即可以是已曝光和冲洗的负片或已翻印和冲洗的正片。(b)各种类型的录音制品。(c)样品、模型和挂图。"第3条及第4条涉及促进教育、科学和文化性质的视听材料国际流通的待遇。成员国承诺对教育、科学和文化性质的视听材料除免征进口关税和其他进口税外,不实施数量上的限制,也无须申请取进口许可证。提供优惠的根据是有关缔约国或联合国教科文组织签发的证明视听材料具有教育、科学或文化性质的证书,而不是材料是否用于认可的机构或组织的这一条件。另外该协定仅适用于具有教育、科学和文化性质的视听材料,即其主要目的或效果是通过发展某一主题或某一主题的一个方面进行教导,或者其内容是维持、提高或传播知识,促进国际理解与友谊。③

二、教育科学文化物品进口协定及议定书

(一)《佛罗伦萨协定》及其《内罗毕议定书》

联合国教科文组织《组织法》的基本条款之一确认该组织"……为增进各国人民间之相互认识与了解而协力工作,并为达此目的,建议订立必要之国际协定,以便运用文字与

---

① 参见联合国教科文组织:《何为联合国教科文组织》,http://unesdoc.unesco.org/images/0014/001473/147330c.pdf,下载日期:2010年3月10日。

② 《〈佛罗伦萨协定〉及其〈内罗毕议定书〉,关于文化财产在国际上自由流通的准则性文件和使用指南》,http://portal.unesco.org/culture/en/files/24430/11018963553guide_florence_en.pdf/guide_florence_en.pdf,下载日期:2010年3月6日。

③ 参见 Agreement for Facilitating the International Circulation of Visual and Auditory Materials of an Educational, Scientific and Cultural Character。韩立余:《文化产品、版权保护与贸易规则》,载《政法论坛》2008年第5期。

图像促进思想之自由交流",订立《佛罗伦萨协定》正是为了完成这一使命。

在《贝鲁特协定》被通过的同时,联合国教科文组织就决定在更为广泛的范围内对这一问题进行研究,以便通过一份新的协定来排除对思想交流形成障碍的经济因素。《贝鲁特协定》的适用范围仅仅局限于视听材料方面的流通,这一协定的最初目的在于取代国际联盟 1933 年通过的《促进教育影片自由流通公约》。这一协定的目的在于促进教育、科学和文化,但从本质上来讲是一份涉及税率的商业性文件。考虑到拟定的新协定涉及的范围要大得多,联合国教科文组织秘书处将草案提交给了关税与贸易总协定缔约国会议,会议对这一草案作了修改,目的在于提高它在技术方面的效率,让更多的国家接受这一协定。

联合国教科文组织在 1950 年召开了这一组织的 25 个会员国的专家会议,并根据所提出的意见形成了一份新的草案,这一草案最后形成了《教育、科学和文化物品进口协定》。1950 年 7 月该协定被提交给了在佛罗伦萨举行的第五届会议,最终获得了一致通过,1952 年 5 月 21 日开始生效。

为促进相互理解和国际间的文化对话,联合国教科文组织组织起草了所谓的《佛罗伦萨协定》(本节内简称《协定》)。"它是一个关于教育、科学和文化资料进口的法律文件,旨在促进这些资料的自由流通。截至 2000 年,已经有 94 个国家签署了这个法律文件。"①

在随后的一段时间里,由于新的传播形式和技术的发明,新型材料的出现,科学和技术进步对知识传播的方式产生了巨大的影响。贸易的方式也因技术的变化而发生了变化。《协定》起草时,各国普遍采用高关税、进口许可、配额和外汇限制的做法,妨碍教育、科学、文化物品的流通。贸易自由化的扩大减少了上述壁垒,1957 年 10 月和 1967 年 11 月联合国教科文组织在日内瓦召开了两次政府专家会议,并对《协定》的执行情况进行了检查,鼓励尚未加入的国家加入该《协定》。两次会议之后,专家们认为,实践表明《协定》是一种非常重要的工具,它对于取消阻碍教育、科学、文化物品自由流通的障碍确实非常有效,会议建议尽量自由地对《协定》的各项条款加以解释和执行。

然而,这些建议产生的影响很有限。于是,联合国教科文组织 1973 年又召开了第三次政府专家会议,与以往一样,对《协定》的执行情况进行了检查,而且还研究了能否将《协定》的范围扩大到一些新的物品,尤其是《协定》通过后由于技术进步而产生的物品。是次会议仍在日内瓦举行,时间是 1973 年 11 月—12 月。64 个国家的代表和一些政府及非政府国际组织的观察员参加了会议。会议建议拟定一份或数份《协定》附加议定书,提供更多的便利条件。

大会批准了这一建议并赞同召开政府间技术人员和法学家特别委员会会议,教科文组织秘书处起草的《内罗毕议定书》(本节内简称《议定书》)初稿提交给了该委员会会议审议。委员会于 1976 年 3 月在巴黎教科文组织总部开会,与会的有 64 个国家的代表以及许多国际组织——主要是非政府组织的观察员。特别委员会根据收到的各国政府的意见,拟定了新的《议定书》草案,之后于 1976 年 11 月在内罗毕召开的第十九届会议上获得通过。新的《教育、科学和文化物品进口协定议定书》于 1977 年 3 月 1 日在纽约联合国总

---

① 张玉国、朱筱林:《文化、贸易和全球化(下)》,载《中国出版》2003 年第 2 期。

部开始签字,并在第五份批准、接受或加入书递交联合国秘书长之日起六个月之后开始生效。①

(二)《佛罗伦萨协定》及其《内罗毕议定书》之间的关系

尤其应该指出的是,《议定书》与作为基础的《协定》是密不可分的,因为它只面向《协定》缔约国。由此可见,某一国要成为《议定书》缔约国,首先必须加入《协定》。而作为《协定》缔约国的国家可以只是该《协定》的缔约国,可不加入《议定书》。换言之,对于未加入《议定书》的《协定》缔约国来说,《议定书》丝毫不影响也改变不了它们根据《协定》所享有的权利和应尽的义务。关于缔约方,《议定书》规定该《议定书》也面向各关税同盟或经济同盟,但其所有成员国均应是《议定书》的缔约国。在此情况下,《议定书》和《协定》适用于这些同盟的所有成员国的全部领土,而不是指各个成员国的领土。

《佛罗伦萨协定》于1950年签署,1976年对内容进行了更新,增添了《内罗毕议定书》。该议定书把自由流通原则扩大到了其他种类的文化产品,特别是那些当时技术含量较高的产品,比如视听资料。

尽管《佛罗伦萨协定》清楚地表明它支持文化商品市场自由化,但《佛罗伦萨协定》和《内罗毕议定书》都包含保留机制,允许签约国禁止进口某些可能损害本国文化产品利益的外国文化产品(参见美国制定的附加在该协定之上的保留条款,该条款作为协定的附录公布,所有与美国有联系的其他签约国都可以实施这个保留条款;另见《内罗毕议定书》针对商业电影院的附录 C-1)。这些条款的实际作用与"文化例外"的作用相同,在"文化例外"这个名词发明之前就已经起作用了。②

(三)《佛罗伦萨协定》及其《内罗毕议定书》的主要内容

1. 关税豁免

《教育、科学和文化物品进口协定》及议定书对其适用物品的进口提供了便利条件,主要是关税豁免。

《佛罗伦萨协定》第1条规定,"缔约国保证不征收下列物品的关税、其他进口税或在进口时征的税:

(1)本协定附件 A 所指的图书、出版物和文件;

(2)本协定附件 B、C、D 和 E 所指的教育、科学和文化物品,但它们应符合这些附件规定的条件,且为另一缔约国之产品"。

从第1条规定可以看出,根据《协定》的规定,缔约国保证对《协定》以下五个附件所列的物品不征收关税,具体包括:附件 A——"图书、出版物和文件";附件 B——"属于教育、科学和文化性质的艺术品和收藏品";附件 C——"属于教育、科学和文化性质的视听材料";附件 D——"科学仪器和设备";附件 E——"盲人用品"。

---

① 联合国教科文组织:《〈佛罗伦萨协定〉及〈内罗毕议定书〉——关于教育、科学和文化物品进口的准则性文件和使用指南》。

② 张玉国、朱筱林:《文化、贸易和全球化(下)》,载《中国出版》2003年第2期。

第二章 文化产品国际贸易的国际规则

《协定》缔约国保证毫无例外地对其各附件所列的物品免收关税,但这些物品必须是另一缔约国的产品。有关互惠的这一条款并没有得到严格遵守,因为实际上大多数缔约国无论是对原产国还是对进口国都给予免税。在日内瓦举行的各次会议都希望其他缔约国也采用这一宽容大度的做法,以尽量扩大《协定》的优惠。

《内罗毕议定书》第1.1条规定:"缔约国保证把《协定》第1条第1段规定的关税、其他进口税或进口时的征税豁免范围扩大到本议定书附件A、B、D和E所涉及的物品,而且,在并未援引以下第16(a)段规定,声明不受其中有关附件约束的情况下,还将扩大到附件C、F、G、H和I所列举的物品,只要这些物品符合上述附件规定的条件,而且是另一缔约国的产品。"

根据《议定书》第1.1条的规定,豁免关税扩大到其所有附件。这些附件的名称除了沿用《协定》附件的名称外,在内容上还有以下一些增加和修改:"视听材料"(附件C.1);"教育、科学和文化性质的视听材料"(附件C.2);"盲人和其他残疾人用品"(附件E);"体育用品"(附件F);"乐器和其他音乐设备"(附件G);"用于生产书籍、出版物和文件的材料和机器"(附件H)。

为了便于美国加入这一协定,该协定附加议定书规定了保留条款。一方面允许美国根据保留条款加入该协定,另一方面允许美国对协定的任一成员,或协定的任一成员对美国,引用该保留条款采取保障措施,该措施以非歧视的方式实施。该保留条款的内容类似于《关税与贸易总协定》第19条的保障措施规定,但没有允许除美国之外的其他成员相互之间适用该保留条款。

关于《议定书》附件,应该指出,各国在加入时可声明不受附件C.1、附件F、附件G和附件H的约束,或不受其中任何附件的约束。这也是《议定书》的主要特点之一,由于它比《协定》自由得多而且范围也广得多,因此在提法上应该使各国能够选择它们希望执行的规定。各国还可以声明不执行《议定书》另外两条规定(第II和第IV部分)。《议定书》保留了互惠的条款,但还是希望各国遵循1957年和1967年的两次政府专家会议所提出的建议,不要只对其他缔约国的产品提供所规定的优惠。

2. 提供必要的进口许可和/或外汇

《佛罗伦萨协定》第2条规定,"(1)缔约国保证提供进口下列物品所需的外汇和(或)许可证:

①教育、科研或文化公共机构用于其图书馆和收藏的图书和出版物;

②在本国发表的正式文件、议会文件和行政文件;

③联合国组织及其专门机构的图书和出版物;

④联合国教育、科学及文化组织收到的、并由该组织或在其监督下免费散发的、不能用于销售的图书和出版物;

⑤免费寄赠或散发的用于鼓励到进口国境外旅游的出版物;

⑥用于盲人的物品;

⑦盲人使用的各种盲文版的图书、出版物和文件;

⑧专门为盲人在教育、科学或文化方面的发展而设计的、由盲人组织或盲人救助机构直接进口并经进口国有关当局批准其免税接收的其他物品。

(2)实行数量限制和汇兑监督措施的缔约国,保证尽一切可能为进口其他教育、科学或文化物品,尤其是本协定各附件所列物品,提供必要的外汇和许可证"。

除了对《协定》规定的物品豁免关税外,缔约国保证毫无条件地对上述(a)~(f)所列物品提供进口所需的许可证和/或外汇。对于其他类别的教育、科学和文化物品,《协定》规定缔约国在可能的情况下,提供必要的许可证和/或外汇。专家们在两次关于修订《协定》的会议期间注意到一些国家在支付方面出现逆差,这妨碍了各国政府在这方面作出更大的承诺,于是,他们确认《协定》的精神是确保这些物品(特别是图书)的进口享有更大的自由,为它们提供必要的许可证和/或外汇。实际上,许多国家已大大减少了所规定的限制,开始为获得《协定》规定的物品提供必要的外汇。

《内罗毕议定书》第4条规定,"缔约国保证把《协定》第Ⅱ条第1段规定的提供外汇和/或必要的许可证的做法扩大到进口如下物品:

(a)向下列公用图书馆提供的图书和出版物:

(i)国家图书馆和其他主要的科研性图书馆;

(ii)大学的普通和专业图书馆,其中包括大学图书馆、学院图书馆、研究所图书馆以及对公众开放的高等院校图书馆;

(iii)公共图书馆;

(iv)中小学校的图书馆;

(v)为具有共同关注的特殊和专项问题的读者群服务的专门图书馆,例如政府机关图书馆、公共管理部门图书馆、企业图书馆、职业协会图书馆;

(vi)为残疾人和不能走动者使用的图书馆,如供盲人使用的图书馆、医院图书馆和监狱图书馆;

(vii)音乐资料馆,其中包括唱片收藏馆;

(b)被选定或建议作为高等院校教材以及由这些院校进口的图书;

(c)外语图书,不包括进口国主要地方语言的图书;

(d)经进口国主管当局批准免税接受这些物品的组织所进口的教育、科学或文化性质的电影、幻灯片、录像带和录音带"。

《议定书》毫无条件地将提供许可证和/或外汇扩大到进口上述(a)~(d)所列的图书和视听手段。《议定书》将提供外汇和许可证的优惠扩大到某些视听手段时要求满足以下两个条件:它们应具有教育、科学、文化性质,而且必须用于事先得到进口国主管当局批准的机构。这种优惠限于各类视听手段,它们被认为对传播知识最有用,而且是越来越重要的教育工具。

3. 取消国内税

《协定》对取消国内税未作任何规定。与此相反,我们看到豁免关税并不妨碍任何一个缔约国对进口物品征收国内税,如销售税等,而这在《协定》里是作了明确规定的。日内瓦的各次会议均强调国内税是对本国类似产品课税,因此,丝毫没有理由对国外产品免税。不过专家们同意不应排除有这种可能性,即,有些国家对某些类别的物品,特别是图书准备不再征收国内税。因此,他们建议《协定》在实行国内税时尽量宽容大度。

《议定书》在国内税这个问题上继续采用了《协定》的规定,即缔约国有权对规定的所有物品征收此类税款。《议定书》有一个部分规定,任何国家如果不打算实行这一规定,也就是说不愿受此约束,它可不接受,但规定缔约国得保证在进口时或进口后不对以下少量物品征收任何性质的税款或其他国内税。

4. 取消其他限制

(1)进口限制

在拟定《协定》时就认识到取消关税以及有关许可证和外汇的优惠规定并不能排除教育、科学和文化物品在国际上流通的所有障碍。因此,《协定》包括了一项特别条款(第Ⅳ条),据此条款,缔约国应尽量保证:

(a)继续共同努力,千方百计地促进教育、科学和文化物品的自由流通,取消或减少《协定》未规定的对这种自由流通的限制;

(b)简化进口教育、科学和文化物品的行政手续;

(c)促使教育、科学和文化物品的报关手续快捷而又不失认真。

在修订《协定》时,政府专家们强调该条款极为重要,希望得到广泛执行。该条款非常重要,以至他们要求执行《协定》的国家定期修改它们在执行该条款时可能采取的措施并将情况通知教科文组织。

根据《议定书》的规定,缔约国保证对《议定书》所规定的物品的进口也实行《协定》第Ⅳ条的规定。此外,它们还保证采取适当的措施,促进发展中国家生产的教育、科学、文化物品和材料的自由交流和自由散发。在《议定书》中增加这条新的规定是教科文组织为促进信息的自由传播和发达国家与发展中国家之间公平地相互交流信息而进行努力的结果。

不过,应当提请注意的是,《协定》和《议定书》实行不损害缔约国基于直接关系国家安全、公共秩序或道德观念的动机而禁止或限制进口的权力。同样,它们的实行也不会改变现行的有关版权和工业产权,包括专利和商标的种种规定。

(2)出口限制

《议定书》中还有一条涉及出口限制的规定,它没有扩大《协定》的承诺,却是崭新的规定。该规定针对《议定书》附件所列的物品,规定缔约国对出口到其他缔约国的物品不征收出口税或出口时征税以及任何性质的其他国内税。①

三、保护和促进文化表现形式多样性公约

(一)公约制定的背景

联合国教科文组织在其《组织法》(1946年)中指出,作为联合国唯一负责文化的机构,其肩负着促进"文化之丰富的差异性"和"运用文字与形象促进思想之自由交流"的双

---

① 参见《〈佛罗伦萨协定〉及〈内罗毕议定书〉关于文化财产在国际上自由流通的准则性文件和使用指南》,http://portal.unesco.org/culture/en/files/24430/11018963553guide_florence_en.pdf/guide_florence_en.pdf,下载日期:2010年3月6日。

重职责。为了增进彼此理解,多样性和自由等基本原则经常一同成为联合国教科文组织的目标,即,确保"各种文化和谐而非同质化,实现多样性的一体化。人类因此将不会受到各自文化的限制,而是在同一个多样的世界文化中共享彼此的丰富与多彩"。①

全球化进程的迅速发展对文化多样性带来了新的前所未有的挑战,联合国教科文组织会员国打算通过制定准则的行动来加以回应,在 2001 年通过了《教科文组织世界文化多样性宣言》及其《行动计划》。这份文件对会员国来说仅有道义上的约束力,但它是第一次承认文化多样性是"人类的共同财产"。《宣言》要求联合国教科文组织"继续在其与本宣言有关的各主管领域中开展制定准则的行动、提高认识和培养能力的行动"②。另外,《行动计划》的第一段还要求联合国教科文组织"要推动对制定一份关于文化多样性的国际法律文件是否可行进行思考"。

经德国、加拿大、法国、希腊、摩洛哥、墨西哥、摩纳哥和塞内加尔提议,教科文组织法语国家附议,将"制定一份文化多样性准则性文件的可行性:对相关的技术与法律问题的初步研究"这一项目列入了执行局第 166 届会议议程。③ 这一研究在探讨如何加强与文化多样性有关的准则性行动时,对国际社会开展的众多活动作了特别的关注,比如文化政策国际网络(INCP)④和文化多样性国际网络(INCD)⑤所提出的国际性倡议;同时也注意到了现有的与文化权利和文化多样性相关的国际性法律文件。在 2003 年 10 月 17 日,根据执行机构的建议,联合国教科文组织大会决定"将就与保护文化内容和艺术表现形式的多样性有关的文化多样性问题制定一项国际公约",并要求总干事向将于 2005 年举行的第三十三届会议提交"一份关于应该制定一项规章的情况和该规章可能涉及的范围的初步报告,并附上一份保护文化内容和艺术表现形式多样性公约的草案初稿"。⑥

总干事根据在制定有关保护文化遗产的其他准则性文件时所取得的经验,选择了分阶段开展工作的做法。他委托按照不同学科(人类学、国际法、文化经济学、哲学)选定的 15 位独立专家,就拟定保护文化内容和艺术表现形式多样性公约提纲一事向其提出建议和法律方面的意见。专家组在 2003 年 12 月至 2004 年 5 月期间召开了三次会议之后,拿出了公约草案初稿的第一稿。在这些会议之后,联合国教科文组织总干事松浦晃一郎在

---

① 参见 1947 年《总干事的报告》。
② 《教科文组织世界文化多样性宣言》第 12 条 C。
③ UNESCO, Preliminary Study on the Technical and Legal Aspects Relating to the Desirability of a Standard-setting Instrument on Cultural Diversity, 166 EX/28(PARIS, 12 March 2003).
④ INCP 是一个以加拿大为基础的组织,它是由加拿大的加拿大遗产部在 1998 年主持的一个文化政策会议后建立的。它为负责文化事务的部长讨论及发展促进文化多样性战略提供了一个非正式的论坛。
⑤ INCD,另外一个以加拿大为主的组织,为一个艺术和文化的世界范围的组织网络,致力于反对全球化对于文化的均质化。与 INCP 相同,INCD 在 2000 年开始起草促进文化多样性的公约。在 2003 年 2 月,INCD 向 UNESCO 提交了它的文化多样性建议公约。
⑥ See UNESCO, Preliminary Report by the Director-general Setting out the Situation to Be Regulated and the Possible Scope of the Regulating Action Proposed, Accompanied by the Preliminary Draft of a Convention on the Protection of the Diversity of Cultural Contents and Artistic Expressions, 33 C/23 (4 August, 2005).

2004 年 7 月中旬向各会员国提交了一份附有公约初步草案的预备报告,以便到 2004 年 11 月中旬收集会员国的评论和意见。同时,他还和其他政府间国际组织进行磋商,包括世界卫生组织(WTO)、联合国贸易和发展会议(UNCTAD)和世界知识产权组织(WIPO)。这些组织在 2004 年 11 月发回了其关于公约初步草案的评论。

2004 年 9 月到 2005 年 6 月举行了三次政府间专家会议,以便使联合国教科文组织各会员国的代表可以讨论和改进由独立专家小组起草的文本。在第一次政府间专家会议上,设立了一个起草委员会。该委员会举行的会议完成了《公约》初步草案的定稿。经过这些不同阶段后,2005 年 10 月 20 日,联合国教科文组织第 33 届大会在巴黎以绝对压倒性多数通过了《保护和促进文化表现形式多样性公约》。156 个国家中,有 148 个国家赞成,美国和以色列投了反对票,澳大利亚、洪都拉斯、利比亚、尼日利亚投了弃权票。2006 年 12 月 29 日中国批准了该公约。《保护和促进文化表现形式多样性公约》于 2007 年 3 月 18 日生效。

(二)《保护和促进文化表现形式多样性公约》的主要内容

《保护和促进文化表现形式多样性公约》包括前言、正文和附件三大部分。正文由七个章节组成,分别为目标与指导原则、适用范围、定义、缔约国的权利与义务、公约与其他法律文书的关系、公约的组织及最终条款,共计 35 条。附件是关于调解程序的规定。

《保护和促进文化表现形式多样性公约》的第一章为目标与指导原则(第 1、2 条);第二章规定公约的适用范围(第 3 条);第三章是定义(第 4 条);第四章为缔约国的权利与义务(第 5 条至第 19 条);第五章规定的是公约与其他法律文书的关系(第 20 条和第 21 条);第六、七章主要为公约的技术性规范。附件是关于调解程序的规定,为争端当事国要求进行调解时,提供程序法的规定。

1. 承认文化产品和服务的双重属性

UNESCO《保护和促进文化表现形式多样性公约》的明确目标中特别强调了它与 WTO 的相关性。承认文化活动、产品与服务具有传递文化特征、价值观和意义的特殊性。一方面,文化是可以作为交易的商品,因此必须遵守适用于服务贸易和货物贸易的规则。另一方面,正如 UNESCO 公约所述,文化产品和服务具有与众不同的性质,即特征、价值和意义的载体。它们从本质上体现了或传达了文化表现方式,而不考虑它们可能所具有的商业价值。① 这个目标反映在了《公约》序言中,它记录成员国"确信传递着文化特征、价值观和意义的文化活动、产品与服务具有经济和文化双重性质,故不应视为仅具商业价值",并在第 1.7 条中"承认文化活动、产品与服务具有传递文化特征、价值观和意义的特殊性"。为追求这一目标,UNESCO《保护和促进文化表现形式多样性公约》具有一个相当广泛的适用范围,"本公约适用于缔约方采取的有关保护和促进文化表现形式多样性的政策和措施","文化表现形式"指个人、群体和社会创造的具有文化内容的表现形式。同时,"文化内容"指源于文化特征或表现文化特征的象征意义、艺术特色和文化价值。

---

① Mira Burri-Nenova, Trade versus Culture in the Digital Environment: An Old Conflict in Need of a New Definition, *Journal of International Economic Law*, March, 2009, p. 21.

"文化"和"文化多样性"两词不应从它们通常包含的全部词义和寓义去理解,而应从它们与主要以"文化产品和服务"为载体的"文化表达形式"这一概念的互动关系的角度来加以理解。尽管有些人提出要注意"文化产品和服务"的概念有可能使人想到在国际贸易协定中所使用的这一用语内涵的问题,他们最终还是认为他们提出的定义能使人们的理解回到这一概念的文化内涵,从而摆脱其纯商业性的意义并达成对这些产品和服务的双重禀赋的认可。①

在一个具有约束力的国际法律文件中明确承认文化产品和服务具有固有的双重属性是 UNESCO《保护和促进文化表现形式多样性公约》的一个主要贡献。②

2. 成员国的权利

文化发展是许多方面的经济发展基础,因而公约应该作出规定,使文化发展和经济发展能够并驾齐驱。国家有在自己领土内采取措施保护和促进文化表现形式多样性这一主权权利,同时也有还须在国际范围内对之加以保护和促进的义务,而在这两者之间保持一定平衡是十分重要的。③

UNESCO《保护和促进文化表现形式多样性公约》就关于文化价值的界定在国际法领域填补了一项空白。④ 与承认文化产品双重属性直接相关的以及源自于这一承认的主要原因是对缔约方主权的确认,公约1.8条中规定"重申各国拥有在其领土上维持、采取和实施它们认为合适的保护和促进文化表现形式多样性的政策和措施的主权";并在第2条的原则中规定:"根据《联合国宪章》和国际法原则,各国拥有在其境内采取保护和促进文化表现形式多样性措施和政策的主权。"

作为一个国际性的法律文件,UNESCO公约包括一些对缔约方具有不同程度的约束力的权利和义务。

关于权利的规定可以在第6条中找到。第6条规定了各缔约方可在第4条第(六)项所定义的文化政策和措施范围内,根据自身的特殊情况和需求,在其境内采取措施保护和促进文化表现形式的多样性。第6条以非穷尽列举的方式对这些文化政策措施加以了概括,例如提供公共财政资助的措施,以及以适当方式在本国境内为创作、生产、传播和享有本国的文化活动、产品与服务提供机会的有关措施,包括其语言使用方面的规定。⑤ 需要注意的是这些措施可能会与WTO下的国民待遇义务不相一致。

---

① UNESCO, Preliminary Report by the Director-general Setting out the Situation to Be Regulated and the Possible Scope of the Regulating Action Proposed, Accompanied by the Preliminary Draft of a Convention on the Protection of the Diversity of Cultural Contents and Artistic Expressions, 33 C/23 (4 August 2005).

② Christoph Beat, Graber, the New UNESCO Convention on Cultural Diversity: A Counterbalance to the WTO? 9 J. Int'l Econ. 2006, p.553.

③ UNESCO Culture, Trade and Globalization——Questions and Answers, p.84. 转引自张玉国、朱筱林:《文化、贸易和全球化(上)》,载《中国出版》2003年第1期。

④ Christoph Beat, Graber, The New UNESCO Convention on Cultural Diversity: A Counterbalance to the WTO, 9 J. Int'l Econ. 2006; p.553.

⑤ 《保护和促进文化表现形式多样性公约》第6条。

另外一个存在可能违反国民待遇的措施（或称为权利）是在公约的第 8 条,其标题为"保护文化表现形式的措施"。这一措施要求在不影响第 5 条和第 6 条规定的前提下,缔约一方可以确定其领土上哪些文化表现形式属于面临消亡危险、受到严重威胁或是需要紧急保护的特殊情况。在这一情形下,缔约方可通过与公约规定相符的方式,采取一切恰当的措施保护处于上述情况下的文化表现形式。①

UNESCO 公约所规定的义务较少,并且这些规定的义务主要作为激励缔约方在国际和国内层面保护和促进文化表现形式的多样性,而不是作为一个一般性的义务。例如,在国家层面上,专家们特别规定了一项缔约国应履行的义务,即保护脆弱文化表现形式的义务。他们指出有些文化表现形式在全世界的交流中占据了重要的位置,而有些则处于困境,勉强维持生存或表现的机会。专家们既强调了市场的力量,也指出了市场的缺失。市场存在缺失的现实表明,在一些文化表现形式处于弱势的情况下,国家干预对于保护文化表现形式多样性是必要的。②

UNESCO《公约》在第 7 条"促进文化表现形式的措施"可以认为是本公约的核心义务,但这一义务却存在含混不清的缺陷。③ 第 7.1 条指出,缔约方应努力在其境内创造环境,鼓励个人和社会群体:(a)创作、生产、传播、销售和获取他们自己的文化表现形式,同时对妇女及不同社会群体,包括少数民族和原住民的特殊情况和需求给予应有的重视;(b)获取本国境内及世界其他国家的各种不同的文化表现形式。④

3.通过国际合作促进发展中国家文化产业发展

在国际层面上,专家们对国际合作问题给予了特别的关注。这里讲的国际合作尤其惠益于发展中国家,应该成为未来公约的主要基准点。他们认为国际合作的重点应主要围绕两条主线展开:一个是如何使所有国家都能享受到无论远近的各种文化表现形式的多样性问题,另一个是如何支持发展中国家发展自己的文化产业,来满足本国和国际上对文化产品和服务需求的问题。⑤

公约在第 12 条至第 19 条涉及国际合作的途径和措施,包括合作目标、加强发展中国家文化产业的途径、对发展中国家的优惠待遇、文化多样性国际基金等方面。

正如我们上文所指出的那样,UNESCO 公约所规定的义务比较少,而且这些义务主要作为激励缔约方在国际和国内层面保护和促进文化表现形式的多样性,而不是作为一个一般性的义务。唯一具有约束性的条款,就类似于 WTO 的授权条款并且与发展中国家的优惠待遇相关,即公约第 16 条中所说的"发达国家应通过适当的机构和法律框架,为

---

① 《保护和促进文化表现形式多样性公约》第 8 条。

② UNESCO, Preliminary Report by the Director-general Setting out The Situation to Be Regulated and the Possible Scope of the Regulating Action Proposed, Accompanied by the Preliminary Draft of a Convention on the Protection of the Diversity of Cultural Contents and Artistic Expressions, 33 C/23 (4 August 2005).

③ 后文中再作详细解释。

④ 《保护和促进文化表现形式多样性公约》第 7 条。

⑤ 联合国教科文组织:《总干事关于应该制定一项规章的情况和该规章可能涉及的范围的初步报告,及一份保护文化内容和艺术表现形式多样性公约的草案初稿》,33C/23,第 3～4 页。

发展中国家的艺术家和其他文化专业人员及从业人员,以及那里的文化产品和文化服务提供优惠待遇,促进与这些国家的文化交流"。这一条的规定就存在这样的可能性,也就是说,WTO 的缔约方可以采取相关措施给发展中国家特殊和差别的待遇,而这些措施与 WTO 的最惠国待遇原则不相符合。

公约第 12 条在促进国际合作的规定,指出缔约方应致力于加强双边、区域和国际合作,创造有利于促进文化表现形式多样性的条件,同时特别考虑第 8 条和第 17 条所述情况。这一条规定就可能存在与 WTO 协定之下关于最惠国待遇义务相冲突的情况。①

4. 与其他国际条约的关系

《保护文化内容和艺术表现形式多样性公约》草案初稿总干事的初步报告中,就《公约》与其他法律文书的关系提出两种看法:要么公约不损害其他国际文书为缔约国规定的权利和义务,要么在行使这些权利或遵守这些义务可能严重损害文化表现形式多样化或对其造成威胁的情况下,公约可能对其他法律文书造成损害,但与知识产权法相关的国际文书除外。②

公约是一份应对文化表现形式多样性的国际法律文件。虽然它的适用范围限于"缔约方采取的有关保护和促进文化表现形式多样性的政策和措施",但是在实施公约的规定时,可能需要解决缔约方在本条约中的权利义务与其为缔约方的其他国际文件中的权利义务如何互动的问题。

对于这一问题,公约第 20 条界定了其与其他国际条约之间的关系,并明确了发生权利义务重叠的情况下,这些条约之间的关系。根据该条款的规定,公约与其他条约的关系是"相互支持,互为补充和不隶属",具体而言,第一,公约的"缔约方承认,它们应善意履行其在本公约及其为缔约方的其他所有条约中的义务。因此,在本公约不隶属于其他条约的情况下:(a)缔约方应促使本公约与其为缔约方的其他条约相互支持;(b)缔约方解释和实施其为缔约方的其他条约或承担其他国际义务时应考虑到本公约的相关规定"。第二,"本公约的任何规定不得解释为变更缔约方在其为缔约方的其他条约中的权利和义务"。③

第三节 其他国际协定

一、双边协定

以美国所签署的双边自由贸易协定为例,我们可以看出从 1997 年开始,美国和 13 个

---

① 《保护和促进文化表现形式多样性公约》第 8、12、17 条。
② UNESCO:《保护文化内容和艺术表现形式多样性公约草案初稿总干事的初步报告》,CLT/CPD/2004/CONF.201/1(2004 年 7 月)。
③ 参见《保护和促进文化表现形式多样性公约》第 20 条。

国家达成了无约束力的就电子商务方面的双边谅解备忘录或者是关于电子商务的共同声明,在这些文件中就涉及了电子商务这一前沿问题。接下来美国通过双边协定的方式,先后与智利、新加坡、澳大利亚、韩国等国家签署了双边自由贸易协定①,其中也涉及了电子商务以及文化服务等问题;并且这里面的电子商务在关键方面涉及了以数字化方式所提供的产品。随着技术的发展,原来只能以有形的方式跨越边境才能交付的产品(包括文化产品),就可以无形的方式加以提供。②

在美国与智利签署的双边自由贸易协定中,明确指出缔约方对以电子方式传输的数字化产品相关的进出口不得征收关税或其他税费,因此任何一方不能对另一方的数字化产品征收关税。③ 另外就视听产品和文化服务而言,美国和智利的双边自由贸易协定中,智利提出了一个范围较广的文化产业定义,包括音乐、电影和出版产业,但是把软件、计算机和视频游戏排除在外。④ 智利就卫星广播的国民待遇也降低了承诺水平,并维持本地电视广播占40%的数量限制。此外智利还就最惠国待遇水平也降低了承诺水平,并强调政府所提供的文化补贴措施不能受本协定的约束。作为协定的一部分,美国维持单向卫星广播和对媒体所有权的限制的最惠国待遇例外。⑤

同样,在美国和新加坡签署的自由贸易协定中,新加坡提出了一个范围更广的保留,其从跨境服务贸易部分把所有的与广播服务有关的绝大部分义务都排除在外,同样在电信服务部分,把与广播服务有关的义务也基本排除在外。⑥

从2002年以来美国与有关国家签订的双边自由贸易协定来看,美国的策略主要有两点。第一,摒弃了GATS谈判中采取的"积极清单"方法(即只有明确列入承诺安排表的那些产业部门才适用自由贸易规则),通过"消极清单"(即所有部门都普遍适用自由贸易规则,任何偏离都必须被列入承诺安排表),将谈判压力推向希望对某些措施或部门予以保留的国家,从而使贸易自由化大为扩展,这些贸易协定中的保留条款非常少。第二,对于传统技术下的贸易保护措施(如内容配额等),美国同意给予有限的保留。但是,对于数字产品,美国则严格要求自由化,不允许采取限制措施。

通过电信服务谈判突破文化保护壁垒。例如,当地内容需求是各国保护本国文化产业经常采用的措施,当初在谈判《电信服务附件》和《基础电信服务第四议定书》时并没有涉及。但是,从1996年的《美国—墨西哥直播卫星协议》及1998年的《美国—阿根廷直播卫星服务和固定卫星服务框架协议与协定》等双边协议来看,美国已开始触及这个问题,这些协议均要求缔约方尽量减少对卫星节目的当地内容需求。

通过电子商务谈判实现数字产品贸易自由化。自2003年5月与新加坡签订自由贸易协定开始,之后美国签订的双边自由贸易协定均包括了电子商务章节,其核心内容包括:数字产品贸易适用最惠国待遇和国民待遇;通过电子传输的数字产品不征收关税;通

---

① 见 http://www.ustr.gov/,下载日期:2010年3月10日。
② 后文详细分析此类文化产品问题。
③ The US-Chile FTA, Art 15.3.
④ The US-Chile FTA, Service Annex II-Schedule of Chile, p. II-CH-3.
⑤ The US-Chile FTA, Service Annex II-Schedule of US, p. II-US-1 and I-US-12.
⑥ The US-Singapore FTA, Service Annex I-Schedule of US, p. 8A-US-12.

过电子手段提供的服务适用最惠国待遇、国民待遇和市场准入,但允许有一定的保留。①

最新的双边磋商和自由贸易协定也说明了文化产品贸易问题继续困扰着一些世界贸易组织的成员。在美国和韩国双边自由贸易协定的谈判过程中,与文化产品相关的争议就集中在放映限额上,成为双边谈判的主要症结所在②。在2005年1月1日生效的澳大利亚与美国签署的双边自由贸易协定中,澳大利亚在一定程度上对电视节目保留了最低本土内容配额的要求,这一要求与协定签署之前所存在的水平保持一致。③ 类似的,于2004年1月1日生效的智利与美国签署的双边自由贸易协定中,智利的国家电视委员会可以确认,作为一个一般性要件,通过公众电视频道播出的节目必须包括40%以上智利生产的节目。④

二、区域协定

在多边贸易领域,世界贸易组织追求的是建立一个完整可行的、持久的多边贸易体制。世界贸易组织以贸易自由化为目标,通过在缔约方成员之间的互利互惠安排,以实质性地削减关税和其他形式的贸易壁垒。特定的国家在历史、文化、语言上具有一定联系或在共同利益的基础上,在不同的层次及范围内开展多样的区域合作。通常情况下,这种合作是从经济领域开始的,然后再逐步向政治、文化等领域延伸。"一般认为,区域经济一体化是指在一定区域范围内,由地理邻近、经济和社会交往较为密切的国家建立区域经贸组织,促使资本、技术、劳动、信息、劳务和商品的自由流动和有效配置。它是以牺牲一定的国家主权权利为代价,以期获得更多的比较成本收益和社会经济福利,直至形成区域内统一的经贸政策和经济体制。"⑤

(一)北美自由贸易协定

1989年1月1日,美国和加拿大两国签署了《美加自由贸易协定》。经过了长达14个月的谈判,在1992年8月12日,美国、加拿大及墨西哥三个国家签署了《北美自由贸易协定》。该协定于1994年1月1日正式生效。该协定的第一章第2条对北美自由贸易区的宗旨作了明确的规定:(1)取消缔约方之间货物与服务贸易的障碍,便利缔约方之间货物与服务的流动;(2)促进自由贸易区内的公平竞争;(3)实质上增加缔约方境内的投资机会;(4)在每一缔约方境内为知识产权提供充分有效的保护,并使其能够得到强制执行;(5)为北美自由贸易协定的使用和实施、北美自由贸易区的共同管理和缔约方之间争端的

---

① 阳明华:《发展我国对外文化贸易的思考》,载《湖北日报》2010年6月18日。转引自:http://theory.people.com.cn/GB/11902478.html,下载日期:2011年1月20日。
② Joongi Kim, The Viability of Screen Quotas in Korea—The Cultural Exception under the International Trade Regime, *Korean journal of International and Comparative Law*, Vol. 26, 1998, p. 199.
③ Australia-United States Free Trade Agreement (signed 18 May, 2004) annex I (Australia) 14.
④ Chile-United States Free Trade Agreement (signed 6 June, 2003) annex I (Chile) 3.
⑤ 黄景贵:《论区域经济一体化及其对世界经济的影响》,载《社会科学家》1997年第2期。

解决建立有效的程序。

北美自由贸易区不同于欧盟,因为其一体化的程度没有欧盟高,但从内容上来看,《北美自由贸易协定》又超出了传统的贸易制度的调整范围。根据该协定的总则规定,除墨西哥的石油业、加拿大的文化产业以及美国的航空与无线通信外,取消绝大多数产业部门的投资限制。协定决定自生效之日起在 15 年内逐步消除贸易壁垒、实施商品和劳务的自由流通,以形成一个拥有 3.6 亿消费者,每年国民生产总值超过 6 万亿美元的世界最大的自由贸易集团。①

从该协定的总则中可以看出,对于文化产品贸易的问题作出了特殊的规定。这一特殊的规定是源于《美加自由贸易协定》。由于加拿大人的民族意识较强,另外加拿大和美国的文化观念也不相同,对于美国在经济、文化上的入侵其戒心更强,所以在《美加自由贸易协定》中明确规定"文化产业例外于本协定规定的自由贸易规范"②;《美加自由贸易协定》第 2012 条列举文化产业所包括的几种主要类型,例如包括广播电视的制作、印刷品、录影带、音乐、发行、销售、传输等在内,这些都可以界定为文化产业;另外,根据《美加自由贸易协定》的规定,加拿大基于维护国家文化认同这一原因,可以采取文化政策措施。

在《北美自由贸易协定》磋商的过程中,加拿大政府要求《北美自由贸易协定》接纳"文化例外",并以此作为加拿大加入《北美自由贸易协定》的前提条件。③ 因此,《北美自由贸易协定》在文化产业这一问题上,对《美加自由贸易协定》中"文化产业例外"条款加以了继承,并把这一"例外"作为《北美自由贸易协定》的第 2106 条、2106 条附件以及第 2107 条。④ 根据《北美自由贸易协定》中的"文化例外"条款规定,这一"例外"仅在美国与加拿大之间、加拿大与墨西哥之间适用,对加拿大与其他以后加入《北美自由贸易协定》的成员国之间就"文化例外"也同样适用。但是这一规定不适用于美国和墨西哥这两个北美自由贸易区的成员国之间。⑤

从广泛意义上来讲,《美加自由贸易协定》的相关规定与《北美自由贸易协定》组成了一个整体。这意味着,例如,如果美国认为加拿大所采取的措施保护其本国文化将会违反国民待遇原则,在受制于某些条件下,美国可以采取报复的措施,但是文化产业除外。NAFTA 提供了一个重要的例子,也就是有关文化产品贸易与文化的问题如何在 WTO 之外进行解决。

(二)欧共体/欧盟文化产品贸易规则

欧盟是区域经济一体化程度最高的一个区域性组织,与其他区域性国际组织相比,在文化产品贸易规则方面一体化的程度则更高一些。欧盟通过一系列的立法举措,试图确

---

① 王雨本:《WTO 之外的国际经济组织》,人民法院出版社 2002 年版,第 56 页。
② CUSFTA, atr. 2005(1).
③ Lisa B. Martin, An Analysis of NAFTA'S Intellectual Property Provisions, No. 12 J. Proprietary Rts. 24,24(1993).
④ CUSFTA, atr. 2005(1)
⑤ Stanleigh E. Palka, Canada's Cultural Industries, the United States and Trade Law: Tensions, Conflicts and Possibilities, *Windsor Review of Legal and Social Issues*, March 2000.

立共同的文化理念。这些立法举措包括《马斯特利赫特条约》、《阿姆斯特丹条约》、《欧洲联盟基本权利宪章》、《欧盟宪法》等,这些条约有些涉及了"知识产权和著作权保护"、"文化专业人员和艺术作品的自由流动"、"促进文化的财政措施"等方面的法律规定。

在《马斯特利赫特条约》签署之前,在文化方面欧共体并无真正的权力。但欧共体在其他方面试图通过一系列的活动来体现这一组织的文化价值取向,例如首次对文化产品的贸易作出规定的《罗马公约》在第36条中规定,允许各国之间自由流动具有艺术、历史和考古价值的国家珍贵物品,不足之处在于该条没有清晰界定珍贵物品与文化商品。这一规定导致了各成员国把其认为的"需要保护的产品"冠名为"文化产品"。欧共体真正开始考虑文化问题始于1974年,欧洲议会敦促欧洲共同体制定经济与社会一体化发展政策,保护与提升各种文化,协调并统一各国的版权法,制定合理的税收标准①。在《马斯特利赫特条约》第128条的规定中,欧洲共同体被赋予了一些包括文化领域在内的新权力,从此开展文化合作便成了欧盟在法律框架下许可的行动目标。从这一条约中可以看出欧洲文化的发展主要建立在两大基本原则的基础之上:文化的差异性原则和辅助性原则。《阿姆斯特丹条约》第151条还明确提出:"欧盟将在文化方面采取实际行动,以尊重和促进各成员国之间的文化差异性。"《欧洲联盟基本权利宪章》第22款也规定:欧洲联盟将尊重文化、宗教、语言差异。《欧盟宪法》在第五章第三节第181条②中也作出了关于文化的规定③。

当前,在欧共体层面上的主要媒体规则是《视听媒体服务指令》(AVMS),这一指令对著名的《电视无国界指令》(TVWF)作出了修正。《电视无国界指令》于1989年生效,其目的在于确保在与电视相关的特定条件下服务的自由,以及确保单一媒体服务市场的统一。在《电视无国界指令》框架下,主要的涉及经济目的的规定就有两条明确的规则为文化目的服务,用以确保在欧共体广播市场上的供给平衡。第一,《电视无国界指令》第4.1条规定,在可行的情况下,并通过适当的方式,成员国确保广播公司为欧洲的作品保留过半数以上的比例播出时间,这一比例的时间不包括为新闻、体育节目、游戏、广告、电视服务和电视购物所指定的时间。第二,《电视无国界指令》第5.1条规定广播业者为独立于广播业者之外的生产商所创作欧洲作品在其播出时间中所占的比例至少预留10%的播出时间(或作为一选择,项目预算的10%)。不管成员方选择哪一个实施方案,针对《电视无国界指令》而作的研究表明,促进欧洲作品和促进独立完成作品的措施的确

---

① Official Journal of EU, C.62 of 30.05, 1974.
② 1.欧盟将致力于各成员国文化的繁荣,尊重各国民族和区域文化差异性,并同时共享文化遗产。2.欧盟将采取行动,旨在鼓励各国之间的合作,必要时,支持帮助在下列领域开展合作:(1)增进知识,传播欧洲人民的历史文化;(2)保存和保护欧洲文化遗产;(3)非商业性文化交流;(4)包括影视领域在内的文化艺术创作。3.欧盟和其成员国将加强与第三国及文化领域国际组织,尤其是欧洲理事会的合作。4.欧盟将在宪法的其他条文中考虑在文化方面采取行动,以便尊重和增进文化差异性。5.为了有助于上述目标的实现:(1)欧洲法律或框架法律将建立激励机制,不强求在各成员国之间实行同一法律和法规,这些法律法规在经过各地区委员们协商之后才可以采用;(2)部长会议根据欧盟委员会的提议采用建议。
③ 李庆本、吴慧勇:《欧盟各国文化产业政策咨询报告》,大象出版社2008年版,第3页。

产生了相当大的影响。在电视频道有效的播出时间里欧洲作品的平均占有率从1993年的52.1%上升到2002年的57.4%,到2006年则上升到63%。独立完成的作品的平均占有率从1993年的16.2%上升到2002年的20.2%,到2006年上升到36%。研究进一步表明,考虑这些发展因素,即不需要去改变欧洲作品所占的多数比例,也不需要去改变独立完成的欧洲作品的最低比率,《电视无国界指令》的第4条、第5条被认为已经取得了它们的文化目标:"由于它们已经增加了欧洲电视频道播放欧洲作品的比例和独立产品的比例。"《视听媒体服务指令》仅包括了一个软法性质的规定,为成员国创设以下义务,确保在其管辖领土内媒体服务提供商在恰当的情形下,以及通过适当的手段,促进欧洲作品的生产以及对欧洲作品的获取。

总的来讲,在欧共体条约第87.1之下,成员国如果以补贴的方式提供帮助,以使特定企业或生产特定的货物受益这一方式扭曲了竞争,这一方式被视为与共同体市场的要求相违背。① 然而这个一般性的禁止也有一些例外的限制,根据欧共体条约第87.3(d)条的规定,在某种程度上与共同利益相违背,目的在于为促进文化和遗产保护提供帮助,在欧共体内这种帮助不会影响竞争。欧共体成员已经使用这一规定以证明基于文化原因的帮助对诸如期刊之类的文化产品是正当的。在2005年,就有关欧洲电影产业发展问题对欧共体成员所作出的确定的建议中,欧洲议会和欧盟委员会强调,电影作品是我们文化遗产的重要构成部分。

三、其他普遍性国际协定

属于教育、科学或文化性质的物品经常因临时使用而进口,随后又出口到原有国。这种临时进口需要实行特定的程序。因此,关税合作理事会这个政府间组织与教科文组织磋商,制定了五项②关于临时进口的海关公约,从而充实了教科文组织的有关文书。

1967年日内瓦会议建议那些还不是临时进口公约缔约国的国家考虑成为缔约国。这五项公约如下:

1. 1961年《为进口供展览会、博览会、会议或类似活动展出或使用之货物提供便利的关税协定》

这项协定涵盖所有为科学、技术、手工艺、艺术、教育、文化或体育目的而举行的展览会或会议。该协定规定,供这些活动展出或使用的材料可临时免征关税。对于进口少量的供免费散发的广告材料,以及有关在此类活动期间供展出用的外国货物,也免征进口关税和税款,不执行带有经济性质的进口禁令和制约。所涉及的物品包括印刷品、目录、说明书、价格表、宣传广告、日历和照片。报关手续通常应在组织活动的当场办理。

---

① EC Treaty, art. 87.1.
② 参见《〈佛罗伦萨协定〉及其〈内罗毕议定书〉,关于文化财产在国际上自由流通的准则性文件和使用指南》,http://portal.unesco.org/culture/en/files/24430/11018963553guide_florence_en.pdf/guide_florence_en.pdf,下载日期:2010年3月6日。

2. 1961年《专业设备临时进口关税协定》

该协定主要用于记者、广播电视台、电影导演、科学工作者、剧团和乐队在进口国临时从事其活动时使用的设备。这些设备可临时免征进口关税和税款,也无进口限制。

3. 1961年《货物临时进口免税海关公约》

对于临时进口,已设了临时进口证,进口商凭此证可免交货物进口期间的保证金,并作为报关声明。临时进口证系经认可的协会提供的一种保证。此证对货物在一国或数国临时进出口以及办理过境手续均有效。

4. 1968年《科学设备临时进口海关公约》

为从事科研或教学目的而进口并准备随后重新出口的科学仪器和设备、备用零件、配件和工具,在一定条件下可临时免征进口关税和税款,进口也无限制。

5. 1970年《教学器材临时进口海关公约》

这一公约适用于教学或职业培训所用的各种器材,如幻灯机和电影放映机、幻灯卷片、闭路电视设备、视听材料、巡回图书馆、语言实验室、残疾人用品、供学手艺用的机床等。在一定条件下,该公约对这类器材以及备用零件和工具临时免征进口关税和税款,既无入境禁令,也无进口限制,但应重新出口。

本 章 小 结

WTO是调整国际贸易的主要法律框架,就文化产品国际贸易而言,论文讨论的重点放在了GATT和GATS这两个方面,WTO规则的核心是促进贸易的自由化,但文化产品国际贸易正是由于文化产品的特殊性而面临着市场准入问题和国民待遇这两个问题。就服务贸易而言,服务贸易领域市场准入的重点在于消除各国法律法规对外国服务提供者进入本国市场的限制。市场准入是规定外国服务和服务提供者的进入问题,而国民待遇是指外国服务和服务提供者进入本国市场以后所能够享受的待遇。市场准入是适用国民待遇的前提,如果不能进入一国市场,自然谈不上享受何种待遇;而国民待遇是市场准入的保证,如果进入市场后享受不到国民待遇,则这种进入可能并无实际意义。这一分析同样也可以适用于货物贸易领域。虽然GATT中并无专门条款规定市场准入问题,但就货物贸易而言,其市场准入的本质内容可以参考第11条中的相关规定;然而与GATT不同的是,GATS中第16条专门就市场准入作出了详细的规定。就国民待遇而言,GATT第3条和GATS第17条就贸易问题的国民待遇原则都作出了一般性的规定。这些关于市场准入和国民待遇的规定,若无例外,肯定要适用于文化产品贸易。但正如我们上一章节所分析的,文化产品具有特殊性,因此这些一般规则在适用于与文化产品贸易相关的问题时就需要一些特殊的对待方式,但是除和GATT第4条专门就电影放映问题作了具体的规定外,GATT和GATS中并未对文化产品贸易问题作出详细的规定。需要注意的是,WTO的这些规则还是有少数条款涉及了文化因素,即在考虑贸易自由化时强调了文化因素的例外。特别是GATT第20条中的一些规则,以及GATS第14条的规定,就在某种程度上涉及了"文化产品例外"这一问题。

联合国教科文组织承担着促进思想自由交流的使命,在促进承载文化内容的文化产品自由贸易时,防止完全自由的文化产品贸易破坏文化的多样性。在联合国教科文组织,文化产品贸易是促进思想交流的手段,而非目的。该组织与文化产品贸易相关的最为重要的一个公约——《保护和促进文化表现形式多样性公约》,其核心目标在于保护和促进缔约方境内的文化表现形式的多样性,因此该公约赋予了缔约方为保护本国文化表现形式多样性可以采取各种措施的权利,这一权利包括对文化产品或服务的进口进行限制。

另外,当今国际经济关系的一大特征是两种贸易自由化安排并存,即多边贸易体制与区域经济一体化并存。在多边贸易体制中,由于对于文化产品的规则存在过多的争议,除约束性较弱的《保护和促进文化表现形式多样性公约》之外,并无一个统一适用于文化产品贸易的多边协定。但值得注意的是,一些国家和地区基于地缘关系,在不同的层次和范围内开展形式多样的区域合作,就文化产品贸易中存在的争议试图通过区域性的合作,明确文化产品贸易所应遵循的规则。另外各国在双边自由贸易协定中对文化产品的贸易作出了试探性的规定。这些都是在文化产品贸易规则方面进行的有益探索。

第三章

文化产品贸易中的数字化文化产品问题

第一节 数字网络环境中的文化产品

一、市场模式的变化

在大约十几年前,文化内容的市场①主要是由模拟信号所形成的媒体控制。因此大众对文化产品的接触只能通过数量有限的渠道,比如电视或电影;而且其所获取的内容也不是很丰富。随着 21 世纪的到来,我们进入了一个由全球化媒介和计算机技术带来巨大变化的文化环境。技术持续进步以及媒体市场的自由化,加之管制不再那么严格,这就使文化产品获取的途径大幅增加,如在 20 世纪八九十年代在欧盟 15 国有 90 个电视频道,在 2004 年有超过 860 个频道覆盖全国的广播。② 出乎意料的是,如此多的频道并未导致更广泛的多样性,相反在欧洲的电视市场其节目的质量以及节目的范围却变得更为糟糕。由于市场主体所追求的是减少财政风险以及利益最大化,这就导致电视、电影的内容变得逐渐同质化。伴随超越民族和国界的全球性媒体巨头的出现,其利用所有可获得的分销渠道播放相同的内容,这就加速了情况的恶化。

之所以出现上述情况,有一个因素是不能低估的,那就是媒体内容的销售性质以及媒体内容的销售不足这一关键的决定因素。换种更加确切的方式来加以说明——存储和分销成本过高,货架空间有限,只有拿出那些卖得最好的产品才更有意义,特别是对那些追求利益最大化的媒体大亨。③ 由于模拟媒体市场所存在的固有不足,导致销售都过度地集中于所有可获取内容的那一小部分。因此,有 20% 的产品所生产的内容(其可以是电影、歌曲或是电视剧)占市场所有销售份额的 80%。其余 80% 的内容从未在电影院或电

---

① 这部分可以认为由于新技术的出现导致文化产业中的"渠道"发生了变化。

② European Commission, Fifth Report on the Application of Directive 89/552/EEC 'Television Without Frontiers', COM(2006) 49 final, 10 February, 2006, referring to European Audiovisual Observatory, 2004 Yearbook (European Audiovisual Observatory Strasbourg, 2005).

③ Mira Burri-Nenova, Trade Versus Culture in the Digital Environment: An Old Conflictinneed of a New Definition, *Journal of International Economic Law*, March 2009, p. 35.

视上实际播放,也未在 CD 或 DVD 商店上架,或仅能在不流行的商店找到极少的受众。

数字环境的确对二八定律①提供了一个新的注解。数字化文化产品属于计算机信息的范畴,是以数字形式存在或者表达的文化产品,其借助于计算机可以处理的"0"和"1"为基本单元而存在,可以使数字化文化产品脱离原来所存储的介质而迅速传递。从法律上讲,数字化文化产品是具有财产价值的电子信息。之所以强调数字环境,最为重要的是其修改了内容的供给和需求规则,使最大程度上获取大量的内容成为可能。其成因是所谓的"长尾理论"②效果,根据这一理论,获得特殊的内容便成为可能。解决这一问题的关键因素就在于数字网络环境所具有的一些显著特点:

(1)从供应层面而言,"长尾理论"的具体化表现为库存成本和流通成本的降低。在数字空间中,后者即流通成本可以说是微不足道的,销售那些相对不太流行的产品变得较为经济可行。随着技术的进步数字化文化产品可以在较短的时间内实现全球传递,一部数字化的高清电影其复制成本和传输成本基本可以忽略不计。如上所述,在非网络环境下存储和流通的成本较大,这就导致非流行产品得以上架的机会受到制约,比如说非流行的电视节目在电视黄金时间或电影在节假日播放的机会就变得较为渺茫。

(2)从需求一方而言,当品种变得越来越多时,搜索和寻找的成本对于"长尾理论"也是至关重要的。一方面,搜索成本意味着在搜索时所投入的时间,另一方面,就是搜索的效率。互联网是一个允许通过一个单一切入点加以搜索的庞大复杂的非线性网络。搜索引擎帮助人们在大量的动态信息中找到所需要的内容,这就是互联网的核心价值所在。随着技术的发展,出现了一些新的并且实用的工具,如样板(samples)、反馈和建议,这些工具可以使用户更容易找到所需产品,并且还有可能发现新的产品。此外更加高级的搜索工具,如亚马逊的客户评论或雅虎的音乐排行,这些基于集体智慧的工具可以用做新的有效的信息过滤器,为用户提供便利。其他的工具如 Web 2.0 的搜索和互动服务功能也有助于经验的交流和信息流通的加强。

前文所提到的供应层面和需求层面的因素基本上都是动态的。因为,第一,从供应方来看,数字技术不断进步,导致存储成本和流通成本在不断下降;另外,数字技术也使生产成本——例如数字电影的生产成本不断下降。第二,从需求方的角度来说,网络的扩张速度渐渐涉及各个方面,另外人们的学习经验也变得越来越丰富。以上两个因素是处于不断变化之中的。总而言之,这一经济和技术推动的市场模式可能对整个行业、消费者以及经济发展产生深远的影响。特别是在设计针对媒体市场进行干预的规则时,这一影响需要加以谨慎的考虑。

---

① 二八定律也叫巴莱多定律,是 19 世纪末 20 世纪初意大利经济学家巴莱多发明的。他认为,在任何一组东西中,最重要的只占其中一小部分,约 20%,其余 80% 的尽管是多数,却是次要的,因此又称二八法则。

② 长尾理论(The Long Tail)是网络时代兴起的一种新理论,由美国人克里斯·安德森提出。长尾理论认为,由于成本和效率的因素,当商品储存流通展示的场地和渠道足够宽广,商品生产成本急剧下降以致个人都可以进行生产,并且商品的销售成本急剧降低时,几乎任何以前看似需求极低的产品,只要有卖,都会有人买。这些需求和销量不高的产品所占据的共同市场份额,可以和主流产品的市场份额相比,甚至更大。

二、内容的创作、销售以及获取模式的改变

随着网络技术的不断完善以及宽带互联网的普及,传播的"内容①"基本上都可以数字化,进而可以通过网络进行传播。传统模拟信号的媒体,如视频游戏、音乐、广播和报纸都可以用数字化技术加以转换,也就是说可以用数字化信号替代模拟信号。数字化技术结合其他的新技术在网络用户之间产生了新的交流模式,并且出现了新的内容产品类型和新的创作类型。②

首先,由于在数字环境下,在人群中确定具有相同想法的同类人的成本降低,并且彼此之间的沟通和协作成本也在降低,这就导致出现了无数的虚拟社区和社会网络。当这些具有共同爱好的人聚集在这一虚拟社区或社会网络,就产生了新的内容形态(如新的知识、新的娱乐、新的信息)。③ 这些共同兴趣者在他们所共同关心的问题上,或多或少地贡献了自己的部分时间以及观点。最典型的例子就是现在的个人博客或微博。

其次,数字环境对诸多方面都会产生深刻的影响,包括艺术家和文化创作者表达的方式,他们彼此之间以及与公众之间进行交流的方式,文化内容提供和获取以及消费的方式。总之,数字化技术,既作为一种表达工具也作为一种新型的文化交流空间,对整个文化生产、分配以及供给的范围产生了深远的影响。

直到最近,这一类型产品的社会和经济优势及其共有权才开始被探讨,但是在决策层,它们还远远没有被充分认识到。然而,2007年OECD的一份报告中已经认识到用户所创作内容的巨大潜力,并作如下陈述:

"互联网作为一个新的创作市场,已经改变了信息生产经济学,并导致了媒体制作的民主化,也改变了社会关系的性质和交流的性质。用户生产、分配、获取以及重新使用信息、知识和娱乐的方式发生了变化,这些在潜移默化中导致用户自主权的增强、参与程度的提高且增加了多样性。这些变化可能导致降低进入壁垒、降低流通成本、减少用户成本、增加作品的多样性,因为数字货架的空间几乎是没有限制的。④"

---

① 内容产业是基于数字化信息技术,融合出版、广播影视、通信网络等多种媒体的综合产业。它包括信息与通信技术产业和文化产业中的部门,蕴含着信息内容、信息文化与信息服务,体现了出版、影视、通信和信息技术的产业交叉。参见李晓玲、李会明:《内容产业的产生及其影响》,载《现代国际关系》2003年第5期。

② 这部分可以认为由于新技术的出现导致文化产业中的"内容生产"发生了变化。

③ Yochai Benkler, Freedom in the Commons——Towards a Political Economy of Information, *Duke Law Review*, Vol. 52, No. 6, pp. 1245~1261.

④ OECD, Participative Web: User-Created Content, DSTI/ICCP/IE(2006)7/FINAL, 12 April 2007, p. 5. http://www.oecd.org/dataoecd/57/14/38393115.pdf, last visited on 2010-04-22.

第二节　数字化文化产品贸易中的关税问题

一、传统贸易环境下的关税

在传统贸易①中,关税是国家对进出口的货物和进出境的物品所征收的进出境环节的流转税。② 货物贸易的关税问题涉及进出口货物的归类、原产地确定、海关估价、税收种类等方面。

对进出口货物征收关税,直接关系到国家的经济主权和经济利益,各国采取什么样的关税政策直接对贸易产生重大影响。通常情况下,各主权国家采取什么样的关税政策是由国家经济发展的水平、产业结构的状况以及国际贸易收支这些因素所决定的。通过关税可以保护和促进国家的工农业生产和发展。同时关税也是国家调节国民经济和对外贸易的重要杠杆,可以引导产品的生产,对出口商品数量和结构进行调节,促进国内市场商品的供需平衡。征收关税会直接影响进出口商品的成本和价格,也是最常见的贸易障碍。关税还可以增加国家的财政收入,更为重要的是削弱了进口产品在进口国市场的竞争能力,从而保护了进口国的相应工业。

发达国家所追求的目标是"取消关税、实现贸易的自由化",发达国家通过贸易自由化可以向发展中国家出口更多的资本和技术密集型产品以获取更多的利润,贸易自由化也可以促进发达国家本国经济的发展。对于发展中国家而言,由于本国条件的限制,不得不需要保持一定的关税水平来保护本国的民族产业。因此这一不同的追求让两类国家产生了斗争与妥协的局面。

"从各国设置或提高关税的目的上看,获取关税收入这样的财政性目的基本不占主导地位,其更主要的是作为一种贸易措施被使用。由于一国有权在一定范围内自主选择关税水平的高低,所以关税措施也主要是作为一国对进出口贸易进行管制、管理的手段"③。

二、数字化文化产品征收关税存在的困难

在传统的关税领域,关税涉及进出口货物的归类、原产地确定、海关估价这些具体的措施,即使各国同意对数字文化产品征收关税,在技术上如何实现也是要面临的最大问题。再者有可能出现的情形是,对数字文化产品征收关税的成本远远高于对文化产品所征收的关税所得。主要原因在于数字文化产品在电子商务中通过在线传输,具备"信息流的虚拟性和物流虚拟性的特点"。所以对数字文化产品贸易征收关税,在纳税人身份的判

---

① 所谓传统贸易,在此是与电子商务相对而言的。除电子商务以外的交易均属于传统贸易范畴。
② 邵铁民、陈晖:《海关法学》,中国海关出版社 2010 年版,第 76 页。
③ 刘永伟:《论电子商务的关税问题》,载《国际贸易问题》2000 年第 3 期。

定上、交易过程的可溯性方面、税务稽查以及国际贸易税收管辖权的确定问题上都在技术上存在不能解决的问题。①

随着新技术的出现,在线视频点播发展迅速。特别是付费电影下载,对于跨越关境的那些行为如何对其征收关税存在较大的问题。全世界的消费者从理论上来讲都可以从服务器上下载电影、书籍或音乐,如果 A 国消费者从 B 国设立的网站上下载电影(比如说苹果公司的 APPLE STORE),通过电子方式进行支付,并未索取发票。对于主权国家的监管者而言,无从知晓交易的发生。实践中"一些国家虽然对数字化产品交易征收国内税提出了一些设想和计划(例如美国、欧盟),但是这些计划本身都存在一定缺陷,影响其现实可行性,并且对国际数字化产品贸易无能为力"。②

对于数字文化产品关税的征收,发达国家与发展中国家立场不同。可以看出,发展中国家首先关注的是本国税收的流失,因为发达国家是最大的数字化文化产品的生产国,而发展中国家主要是进口国,若长期承诺不对数字文化产品征收关税可能会影响其长期利益。相反,发达国家主要关注的是贸易中关税的支出问题,因为这会影响到相关产业的发展。"基于目前的技术困难,各国基本上都没有对数字化产品征收关税,那么在未来技术条件允许的时候,降低或不征关税在现有水平上实际并没有减少关税收入,只是未得到或少得到一些期望在未来得到的关税收入,而事实上这种期望的现实性也并不确定。"③

三、WTO 暂时免征关税计划

从上文的分析可以看出,一些国际组织和国家开始对以电子方式进行交易的关税问题进行了探讨和研究。美国以"对电子商务征税会阻碍这一新兴事物的发展为理由"主张电子商务零关税政策,在国内法的层面上颁布了一系列有关电子商务的税收方面的法规,主要包括"暂不征收国内'网络进入税'、免征通过互联网交易的无形产品的关税"这些措施,而且美国也一直主张永久性地对电子商务免征关税。

欧盟在对待电子商务的税收政策方面显得相对保守,在免征关税问题上也较为慎重。欧盟在 1998 年 6 月发表了《关于保护增值税收入和促进电子商务发展的报告》,并与美国就免征电子商务(在互联网上销售数字化产品)关税问题达成一致。

对发展中国家而言,有些国家的电子商务刚刚开展,还有的国家尚未起步,因此对国际上电子商务税收政策的研究、制定持密切关注的态度。

1997 年 11 月,经合组织在芬兰举行的会议中接受国际委托,就制定适用于电子商务的税务框架条件,提出了"电子商务:税务政策框架条件"的报告。这一报告中就电子商务税收原则作出了原则性的规定,指出电子商务应遵循"中立、高效、明确、简便、有效、公平

---

① 蒋志培:《网络与电子商务法》,法律出版社 2001 年版,第 436 页。
② 蔡金荣:《电子商务与税收——数字化时代的税收政策与税收征管》,中国税务出版社 2000 年版。
③ 代彬:《电子商务中数字化产品的分类问题探析》,对外经济贸易大学 2006 年硕士学位论文,第 16 页。

和灵活"。

新加坡部长会议之后,WTO 在 1998 年 5 月就与电子商务相关的问题开始进行审查。在这次会议中,世界贸易组织缔约方成员一致同意,继续对以电子传输方式进行的贸易延迟征收关税(WTO Duty-free Moratorium on Electronic Transmissions)。会议提出了一个工作计划,要求 WTO 各委员会(货物贸易理事会、服务贸易理事会、与贸易有关的知识产权理事会和贸易发展委员会)审查电子商务对 WTO 协定适用的问题。这一审查工作基本上于 1997 年 7 月就已经完成。

针对通过电子传输方式进行的贸易,各国在实践上基本上是不对其征收关税的。美国是最早提出在 WTO 体制内通过立法的方式把现行的实践确立下来的国家,其提出之后包括欧盟在内的其他发达国家也立即表达了相同的看法。欧盟等发达国家认为,逐渐增多的通过国际电子网络方式进行的贸易在原则上不应对其开征新的关税。

与发达国家相比,关税在发展中成员方的财政收入中所占的比重还比较大,发展中成员方在是否给予电子方式的交易永久性的免征关税这一点上还存在犹豫。由于通过电子方式进行的贸易在数量上非常少,占其关税收入的比重目前还较小,不到各发展中成员总关税收入的 1%;另外,WTO 中的发展中国家成员认为,暂时不对以电子传输方式进行的贸易征收关税是否符合它们的国家利益,在这一点上还不是十分肯定,但是这些发展中成员在暂时免征关税这一点上也与上述发达成员方达成了共识。

四、暂时免征关税的缺陷

暂缓对电子传输方式的贸易征收关税是确保电子商务向前发展的一个十分重要的措施,但这一措施仍然存在着许多不确定性,或者说是不足之处,尤其是适用的范围、对象等方面存在很多的疑问和争议。①

首先,也是最大的不足就是暂缓征税是 WTO 成员所达成的一项政治性的共识,这一共识不能在 WTO 的争端解决机制中加以援用。实际上暂时免征关税本身就是一个无法通过 WTO 争端解决机制得以强制执行的政治义务。暂缓征税对于各成员方政府而言只是一个权宜之计,因为在目前的技术条件下,对以电子方式传输的产品征收关税是不可行的。即使一些成员方打算对以电子方式传输的贸易进行关税征收,这还取决于海关是否有能力对其进监管,或能够对其进行识别,如果能够识别那么又如何对其进行估价。因此有人认为暂缓征税之所以能够达成共识就是因为很难在实践上对以电子传输方式进行的贸易征收关税。

其次,以电子传输方式进行的贸易所涵盖的范围还比较模糊。对于什么是电子交付没有一个清晰的共识。WTO 各成员方都认为以电子传输方式进行的贸易可以暂缓对其征收关税,对网上订购的有形产品应适用与通过传统方式订购的产品一样的关税规则。但是当谈到在线交易时其又有不同的含义。

---

① Sacha Wunsch-Vincent, The WTO, *the Internet and Trade in Digital Products—EC-US Perspectives*, Oxford and Portland Oregon, 2006, pp. 38~43.

其含义之一应为，对于为电子商务提供支持的电子传输不应该征收关税。可以这样来理解，线下(off-line)交易免征关税的产品通过在线(on-line)方式交易仍然免征关税，不能因为采用了电子商务的方式而对其征税。但是对于电子传输的内容暂缓关税征收是否对其有约束力还不是很清楚。这里的电子传输内容可以理解为数字化文化产品或以电子方式传输的服务。因此当前还不是十分清楚这一暂缓关税征收是仅针对于传输服务还是也可以适用于数字化文化产品(以电子方式传输的内容)。

可以确定的是，"电子传输"是指电子商务的交易形式，但什么是"电子传输"？这一问题的理解在各缔约方之间仍然存在争论。一些成员认为只是对"传输行为"本身不征收关税，另外一些成员方认为对传输的"对象"或"内容"不进行关税征收。从"传输行为"本身来看，"传输行为"是数字化产品交易的辅助手段，这一行为应属于服务性质，理应受GATS的调整，所以从服务的角度来说目前基本不存在征收关税的问题。但是对于"传输的内容"(对象)才是交易价格的主要依据，也就是说"数字文化产品"本身的价值才是交易所看重的。从这一分析来看"传输的内容"，也即数字文化产品才是适用暂时免征关税。

电子商务有广义和狭义之分，"狭义"电子商务指的仅通过在线方式进行的交易，而不借助于有形的实物交付。从这一角度来看，电子商务的范围应该包括以电子方式提供的服务和数字化产品，目前GATS所关注的是服务的"市场开放"而不是关税减免问题。因此"对电子传输暂免征收关税"应该理解为主要指对通过电子传输的数字化产品，而非以电子方式提供的服务暂时免征关税。

由于暂缓征收关税是来自于各成员方继续保持当前不对以电子方式传输的贸易征收关税这一实践的假设，但是这一政治性的声明是否与在关税减让承诺表中的承诺相一致，这一点也是比较模糊的。比如欧盟就已经指出暂缓关税征收不对WTO成员在关税减让表中列出的早已存在的贸易限制适用，对其适用与WTO规定相符合的规则。欧盟的态度也主要是针对于视听服务而言的。①

但不幸的是，各成员方没有能够利用WTO电子商务工作组澄清暂缓征收关税的真实含义。

第三，暂缓征收关税与技术中立原则不相一致。由于海关要对存储于物理介质上的数字化文化产品征收关税，与此相对，根据暂缓征收关税的解释，数字化文化产品将不会被征收关税。这种歧视性待遇仅仅是因为它们传输的方式不同而导致的。为了解释这种现象，美国主张"如果目的是在以物理方式运输和电子方式传输之间平衡待遇水平，而不是为了对以电子方式传输的产品征收关税，一个更加开放的行动是对以物理方式传输的产品降低对其适用的关税"。

第四，暂缓征收关税没有能够解决影响服务贸易的歧视性规则。即使暂缓征收关税可以适用于电子传输的内容，例如数字化文化产品，但它仍然未能解决阻碍以数字形式为内容的贸易壁垒。大多数通过网络传输的以数字形式为内容的交易可能都会与服务相关，通过WTO电子商务工作组可以解决对于传输方式或传输内容征收关税的问题。以

---

① CTS, Work Programme on Electronic Commerce, Communication from the EC, WT/GC/W/85 (23 April 1998), p.4.

欧盟为代表的一些成员方认为,阻碍通过网络传输的以数字形式为内容的贸易的主要壁垒不是关税,与市场准入和国民待遇相关的其他规则或措施才是阻碍其发展的主要因素。对于所涉及的服务贸易,各成员仍然可以采取其他的除关税之外的歧视性措施。因此,为确保数字化文化产品的市场准入,还需要在 GATS 承诺表中在与此相关的部门进一步作出详细的承诺。在 GATS 承诺表中的特定部门所作出的承诺也可以消除数量限制或者歧视性关税,因此各成员才可以依赖在 GATS 中作出特别的承诺以促进电子商务的发展。欧盟主张,当关税有可能成为电子商务市场准入的壁垒时,通过在市场准入的谈判中解决与电子商务关税有关的问题可能是一个较好的选择方案。①

第五,部分成员方虽然承诺暂缓对电子交易征税,但实践中在依据国民待遇为基础开始对其征收间接税,暂时免征税收并没有阻止对电子商务征税。例如欧盟,欧盟认为税收系统应具备法律确定性,应使纳税义务公开、明确、可预见和纳税中立性,即新兴贸易方式同传统贸易方式相比不应承担额外税收。但同传统的贸易方式一样,商品和服务的电子商务显然属于税收征收范畴。简言之,欧盟不准备针对电子商务活动增加新税种,也不希望为电子商务免除现有的税赋。大多数欧洲国家都把 Internet 经营活动看作是新的潜在的税源,认为电子商务活动必须履行纳税义务,否则将导致不公平竞争。例如欧盟规定在 2003 年 7 月之后,数字化文化产品的非欧盟供应商向欧盟的消费者提供电子服务时,同欧盟的供应商一样适用相同的增值税(VAT)。② 欧盟的这一规定已经引起了美国的强烈不满,从这就可以看出,暂缓征收关税没有能够解决这一问题。

第六,在长达六年甚至更长的时间内,WTO 的各成员方仍未能对电子传输方式及以电子传输方式传输的内容达成一个明确的和永久性的推迟征收关税计划。

2001 年 11 月 14 日发布的《多哈部长宣言》要求对电子商务工作计划复兴注入新的活力。该宣言指出电子商务为那些处于不同发展阶段成员的贸易带来新的机遇和挑战,并且各成员都认识到创造并维持一个有利于未来电子商务发展的环境的重要性。然后,该宣言请求总理事会考虑一个最为妥当的安排来解决工作组计划,进一步向第五次部长会议(2003 年)报告进展状况。③

在 2001 年到 2003 年的这两年间,出现了怀疑暂缓征收关税计划是否已经失去效力的问题。欧盟及一些发展中成员方认为,暂缓征收关税计划只是一个权宜之计,但就是这一权宜之计可能会阻碍各成员方对于实质性问题的关注。西雅图会议之后,对于暂缓关税征收计划讨论在这一期间内消失了。多哈部长会议之前美国和日本在向贸易发展委员会提交的报告中指出要坚持对电子商务永久性延期。但是在 WTO 各成员方之间就此问题未能达成共识,尽管各成员原则上采纳了暂缓征税,但它们不愿意使这一措施具有永久性的效力。欧盟及其他一些国家的谈判代表强调,临时性的暂缓征收关税计划决不能臆

---

① Discussion Paper on E-commerce and the WTO, http://www.europa.eu.int/comm/trade/issues/sectoral/services/docs/elcomwto.pdf, last visited on 2005-10-06.

② 胡炜、徐敏:《从欧盟增值税提案看 WTO 规则对数字化产品税收的适用》,载《河北法学》2002 年第 7 期。

③ WT/MIN(01)DEC/W/1, par 34.

测电子商务工作计划小组的成果。①

五、暂时免征关税的实质

相关成员方不愿意在永久性的推迟关税征收计划作出承诺的主要原因，有以下两个方面的因素。首先是发展中成员方担心，如果作出永久性的承诺，那么与数字化文化产品贸易相关的关税收入将会永久性丧失；另外这些发展中成员方希望通过暂缓征税来换取在其感兴趣的其他方面提供技术支持或者是市场准入的承诺。其次，欧盟认为仅当包括数字化文化产品归类在内的相关电子商务问题作为一个整体加以解决之后，其才愿意作出永久性的推迟征收关税承诺。因为欧盟认为美国过于关注这一问题而忽略了其他与数字化文化产品贸易相关的重要问题。在数字化文化产品归类问题的解决与暂缓征收关税之间的确存在紧密联系。

虽然通过以上的列举我们可以看出暂缓征收关税计划存在诸多不足之处，但是对通过电子方式传输的交易实施暂缓征收关税计划可以看作是给予数字化文化产品一个宽松的贸易环境的关键一步，因为这一计划在数字化文化产品贸易自由化进程中是一个有积极意义的政治性的信号。一个永久性的清晰的征收关税推迟计划为构建一个可预测的数字化文化产品贸易自由化框架打下了坚实的基础。

从WTO工作组所采用的"在下一次部长级会议之前维持目前对电子传输不征收关税的做法"措辞中可以看出，这只是一种维持现状的做法，因为WTO成员不能在这一问题上达成共识。维持现状的做法并不是适当的和值得肯定的，因为这一做法对贸易的限制缺乏实质性的约束力量。从目前的情形来看，电子商务虽然未遇到在货物、服务贸易领域所面对的各种贸易壁垒，从表面上来看"延迟征收关税"得到了大家的认同，其实这一成因多数因素在于技术上所存在的困难②；并不是由于各缔约方成员不打算对电子商务征收关税，正如上文中所讨论的，发展中国家所关注的重点有时还在这一问题上。西雅图会议和坎昆会议未能就"延迟征收关税"问题达成一致意见，就足以说明WTO成员方对此问题存在较大的分歧。

实践中对电子传输这一贸易方式延迟征收关税的做法，只是对当前无法从技术上实现征税这一目标的替代途径。"延迟征收关税"不可能成为解决电子商务规范问题的有效方法，当然也不能解决数字化文化产品征收关税这一问题。这还需要WTO对与电子商务有关的规则进行总体的架构，在WTO框架下对这一问题进行解决才是最终的途径。③

---

① CTG E-commerce Report, p. 4.

② H. E. Mrs. Mary Whalen, Oral Report by the Chairperson of the seminar(Seminar on Revenue Implications of E-commerce, 22 April, 2002), made at the 40th Session of the CTD on April 25, 2002, p. 1. available at http://www.wto.org/english/tratop_e/devel_e/sem05_e/sem05_prog_e.html, last visited on Feb 28, 2006.

③ 代彬：《电子商务中数字化产品的分类问题探析》，对外经济贸易大学2006年硕士学位论文，第14页。

第三节　数字化文化产品的归类问题

一、问题的起因

计算机信息技术的发展以及互联网的普及,为数字化文化产品贸易的增长提供了广泛空间。互联网本身具有的开放性、无地域限制、低成本、高效率的特征,使消费者可以在网上购买电子图书、MP3、电影、软件及数据库等多种多样的数字化文化产品。然而作为一种全新的商业运作模式,数字化文化产品贸易给 WTO 规则的适用带来了一系列问题。其主要原因就在于很多情况下服务与货物之间的界线变得非常模糊,相同的产品可以被视为货物或服务,同样也可以被当作特许权使用。从这一问题我们可以看出,数字化文化产品贸易涉及了 WTO 之下的诸多协定,适用什么多边协定对其调整尚不能确定。

在 GATT 1994 框架下,文化产品是以有形实物的方式呈现的,如在 GATT 1994 第 4 条中所规定的电影,其中就涉及了电影胶片。另外还有一些文化产品如 CD、DVD、录像带或录音带等,包括图书、期刊都为可以实实在在感触到的实物,应属于普通货物的范畴。但是这些有形的文化产品在当前的技术环境下可以进行数字化,转化为数字化文化产品,以网络的方式加以传输。

以电子方式传输的服务应该由 GATS 加以调整,在这一点上所有的 WTO 成员方达成了共识。由于绝大多数的服务各成员已在 GATS 的承诺表中具体的服务部门内作出了承诺,而这些具体的服务分类以及对其适用的 GATS 规则及相关的权利义务在 WTO 成员间是不存在争议的。然而,对 WTO 电子商务工作计划小组而言,最基本的问题是,原来通过物理方式(实物方式)进行贸易的产品现在可以通过网络进行传输,这些产品以在线的方式上传或下载,那么这些产品是应属于 GATT 之下的货物还是 GATS 之下的服务? WTO 之下的多边协定如何适用于数字化文化产品?

选择适用不同的 WTO 多边协定将决定数字化文化产品的待遇水平,如果将数字化文化产品视为货物贸易的话,就会适用 GATT 1994 规则;而将数字化文化产品视为服务的话,则将导致适用 GATS 规则。适用不同规则对数字化文化产品调整,将对数字化文化产品贸易产生巨大的影响。

另外,数字化文化产品分类问题之所以难以解决还包括以下两个方面的因素:[①]

第一,现有的全球贸易框架下并没有对什么是服务、什么是货物提供一个明确的界定。因此,GATT 与 GATS 在适用范围上可能会发生重叠。

从实践中看,文化产品可以被数字化,这些经数字化的文化产品可以通过网络的传输以不同的形式为消费者所使用。数字化的文化产品如书籍、电影、音乐通过下载后可以转

---

① Sacha Wunsch-Vincent, The WTO, the Internet and Trade in Digital Products: EC-US Perspectives, Oxford and Portland Oregon, 2006, pp. 49~50.

换成其他有形的实物被出售。若只是在线消费,这与在电影院观看电影无实质区别,这可以认为属于服务。因此,从实践中来看,对数字化文化产品的理解存在区别。

在 GATS 生效以前,并不存在对服务和服务贸易的统一适用的定义,学者们对此问题也持不同的观点。从条款上来看,GATS 回避了学术之争,通过划定范围的方式规定 GATS 所规范的服务贸易,而什么是"服务"却未给出明确的定义。GATS 第 1.1 条规定,"本协定适用于各成员影响服务贸易的措施",由此可以看出这一条只是对 GATS 所适用"措施"的界定而并不是对"服务"本身的界定。在 GATS 中对于服务贸易提供的方式也未有所涉及;货物与贸易服务之间的区别是什么,GATS 中也没加以规定。因此,作为即可以有形的实物方式进行交易,又可以通过网络以无形的方式传输的文化产品,服务和货物的界线就变得模糊不清。

对货物与服务进行区别的问题并不只在贸易领域存在,在商品归类时也存在同样的问题。在最新版本的联合国中心产品分类目录(Central Product Classification,CPC)中就可以看出,在对货物与服务进行区分的各种标准中,没有一种可以在任何情形下都能够提供一个有效的、切实可行的以及清晰的区别方法。

第二,事实上并不存在一个全球公认的标准行业分类(industrial classification structures)。

相关的行业分类标准如国际标准行业分类(International Standard Industrial Classification,ISIC),以及相关的产品分类标准如联合国中心产品分类目录(CPC)和商品名称及编码协调制度(Harmonized System,HS),都未能对内容生产行业(content-producing industries)或内容(content)本身进行明确定义,但是这些分类系统在互联网出现之前就早已存在,因此数字化文化产品对这些标准的命名规则而言是一个新生的事物。

以计算机软件为例,GATT 和《信息技术协议》(ITA)对于软件的调整针对的是软件以物理方式存在的磁盘。ITA 协议中所说的计算机软件包括那些承载软件的媒体,如磁盘、磁带和光盘等,这是协调税制(Harmonized System of Tariff Nomenclature)对软件的分类。① 而 GATS 则是基于较早版本的 CPC,仅仅涉及那些记录或生产内容的服务,如录音,或对内容进行传输的服务,如广播电视播放服务。但是 GATS 并不一定会涉及内容本身。无论是存储在有形介质上的还是通过电子方式传输的计算机软件,在 HS 中都缺少适当的分类;同样在现有的服务分类表中也没有与计算机软件直接相关的分类。

WTO 框架下,数字化文化产品贸易适用什么多边协定加以调整的分歧主要是源自于现有的 WTO 多边协定对不同的贸易所实施的保护程度截然不同,即 GATT 适用于对货物贸易的保护,GATS 适用于对服务贸易的保护,而 TRIPS 适用于与贸易有关的知识产权的保护程度;针对于数字化文化产品主要存在以下四种分类主张,分别是适用于 GATT、GATS、TRIPS 以及混合方法加以调整。

---

① 世界贸易组织秘书处:《电子商务与 WTO 的作用》,对外贸易经济合作部世界贸易组织司译,法律出版社 2002 年版,第 97 页。

二、数字化文化产品适用 GATT 的主张

作为电子商务最为发达的国家之一,美国为了使其电子商务产业得到尽可能充分的保护,极力主张数字化文化产品贸易享受 GATT 的保护。① 其主张的理由为:

1. 适用 GATT 规则,更有利于视听产品贸易的自由化

美国主张把数字化文化产品划归到 GATT 之下比把其归为 GATS 之下更加有利于贸易,因为 GATT 为数字化文化产品提供了更大的自由空间。② 因为根据前面对以电子方式传输的贸易暂停征收关税的讨论,我们知道关于是否永久性延迟征收关税在成员方之间并未达成共识,把数字化文化产品贸易归由 GATT 调整,将会对世界的贸易起到更好的促进作用。我们可以通过表格对 WTO 之下的 GATT 与 GATS 协定加以比较,其结果再次说明 GATT 之下贸易自由化的程度事实上要比 GATS 高很多。这一点并没有什么可让人感觉奇怪之处,这是因为,WTO 的成员方经过长达 45 年的时间对 GATT 的体系结构进行了改善,以及对 GATT 之下的承诺水平逐步提高的结果。我们可以从下表所列举的内容来说明 GATT 比 GATS 对贸易来说更加自由。③

(1)在货物领域,GATT 要求各成员适用国民待遇义务,而在 GATS 之下,各成员方可以通过在 GATS 承诺表中通过不作出承诺的方式排除国民待遇原则的适用。

(2)GATT 不允许采用任何形式的数量限制,但在 GATS 之下,如果成员方没有就市场准入作出完全的承诺,就可以采纳这一方式。

(3)从技术标准和健康措施角度来看,GATT 提供了一个多样性的调整规则,而这样的调整规则在 GATS 之中却不存在。GATT 之下的调整规则确保国内规则不能够对贸易造成不必要的阻碍,并且要求采用国际标准。在数字化文化产品贸易的环境下,存在针对此类贸易适用或可采取贸易保护主义规则,并对自由贸易构成危险。

GATT 与 GATS 自由贸易规则对比表④

	GATT,1948 and 1995	GATS,1995
截至 2003 年已生效时间	55 年	8 年,GATS 规则不完备
国民待遇原则	除国内措施外,一般情形下不允许存在例外	取决于各成员方的承诺

---

① United States, Work Programme on Electronic Commerce, WTO Doc. WT/GC/W/551, October 2005.
② WTO Document WT/GC/16, February 12, 1999, p. 5, contribution by the USA.
③ Sacha Wunsch-Vincent, Outstanding WTO Issues and Deliverables with Respect to the Electronic Cross-border Trade of Digital Products, p. 16. http://www.cid.harvard.edu/cidtrade/Papers/Wunsch_WTO.pdf, lest visited on 2008/10/29.
④ Sacha Wunsch-Vincent, Outstanding WTO Issues and Deliverables with Respect to the Electronic Cross-border Trade of Digital Products, p. 18. http://www.cid.harvard.edu/cidtrade/Papers/Wunsch_WTO.pdf, last visited on 2008/10/09. 第一栏的数字到目前已经变化,但其他内容未变。

续表

	GATT,1948 and 1995	GATS,1995
最惠国待遇原则	特定情形下允许存在例外（优惠贸易协定，发展中国家）	在特定的国家间适用例外
关税	未作出零关税承诺，可以征收关税，签署ITA协定的成员方之间适用零关税	未涉及关税，如作出无限制性国民待遇承诺，则不允许采取歧视性措施
配额	仅在紧急情形下允许适用	未作出无限制的市场准入承诺允许适用
透明度原则	适用	适用，但比GATT的要求要低
国内法规	存在于技术标准和动植物检验检疫措施中，消除不必要的贸易限制规则，鼓励采用国际标准	存在不完整的监管规则，委托制定此类监管规则
发展中国家优惠待遇	存在针对发展中国家的特殊条款	存在，但比GATT中的要少
补贴协定	存在	不存在
反倾销规则	存在	不存在
紧急保障措施	存在	不存在
与贸易有关的投资措施	存在	不存在
原产地规则	存在	不存在

(4) 以存储在有形介质上的软件为例，其属于ITA协定所调整的范围。根据ITA协定，发达国家成员方同意在截至2000年以前对存储在磁盘等有形介质上的计算机软件实行零关税。而GATT协定再加上关税延迟征收计划，可以确保这类产品适用较低的关税。然而在GATS之下，还缺乏对于电子服务免征关税的担保，[1]就服务而言，是否可以对其适用关税仍然还是一个未知数。[2] 如果把数字化文化产品归类为服务，在理论上存在可以对其征收关税的可能性。如果未对国民待遇作出承诺的话，各成员方可以在GATS之下采取歧视性关税以及各种国内税。总的来讲，适用GATT规则能够较好地确保在电子商务环境下为数字化文化产品贸易提供一个免税的环境。

(5) 针对于发展中国家，在对与发展相关的目标上，GATT比GATS考虑得更为长远。

(6) 与GATS相比，GATT存在一个与补贴相关的协定，完全禁止特定类型的国家财政支持，仅部分允许特定的补贴存在。GATS协定中目前不存在此类的补贴协定。并且在当前与GATS相关的谈判中也未把此类的规定纳入考虑之列。同样在GATS项下也

---

[1] WTO Document S/L/74, July 27, 1999.
[2] WTO Document G/C/W/158, July 26, 1999.

不存在与GATT相类似的反倾销协定、保障措施协定、与贸易有关的投资措施协定或者原产地规则。

从以上所列举的GATS所需要考虑的规则可以看出,GATS要想取得像GATT那样完备的体系,还有很长的一段路要走。

2. 确保WTO协议的技术中立

美国担心那些一直由GATT调整的产品在某种程度上可能会受到尚未完善的GATS规则的约束。① 当前从GATT 1994的"关税细目"和GATT第4条的"电影限额"来看,这些可以数字化的产品内容一直都由GATT 1994来调整,在GATT 1994的任何条款中,也没有GATT 1994只能适用于有形产品的规定。如果仅仅出于对新的分销技术的考量而把当前由GATT 1994调整的电影、音乐等这些能够数字化的产品划到GATS的调整范围之内,就很难理解这一方式的正确性。②

目前被ITA协定所调整的计算机软件贸易,根据ITA协定的规定,消费者所购买的以实物方式交付的软件不存在任何形式的贸易限制,并且免除了关税。与此相反,同样的软件通过网络进行贸易的话,将会受到GATS中相应规则的制约。

在GATS中没有专门针对通过计算机网络传输的软件的承诺,或者说GATS中没有关于此类贸易的明确定义,这会对软件产业的生产商来说,可能使其面临巨大的不确定性,这一事实使美国国内的计算机软件生产商采取相应的措施来影响美国参加谈判的态度。计算机软件生产商期待着在GATS中的谈判结果能够确保计算机软件享有在GATT中已经承认的市场准入和国民待遇。美国认为,WTO的争端解决机构在与数字化文化产品相关的案件中,对于通过网络下载的音乐与通过有形介质如CD所购买的音乐应该视为同类产品,所以在裁定的时候应适用GATT规则。以不同的方式进行交付所导致的法律适用的不确定性,将会使通过在线的方式进行交付这一更加便利的传输方式处于一个不利的地位。

另外,对于生产实物货物所离不开的电子服务,如在制作音乐CD或印刷纸质书籍时所进行的原始数据的跨境传输,实践中通常避免将这类服务作为一个独立的服务交易。③

三、数字化文化产品属于服务的观点

与美国的主张相反,欧盟主张数字化产品应被归类为服务。欧洲对待数字化文化商品的态度与众不同,他们认为数字文化商品交易的本质既不是知识产权许可,更不是所有权转让,而是服务提供。信息社会服务覆盖了大范围的在线经济活动,特别是那些包含了在线销售货物行为的活动。④ 此外,作为反对美国的论据,欧盟指出在WTO协定中并不

---

① Trade Policy Issue Brief on Software and Electronic Commerce. www.bsa.org/resources/2001-02-08.47.pdf (December, 2001).

② Sacha Wunsch-Vincent, *The WTO, the Internet and Trade in Digital Products—EC-US Perspectives*, Oxford and Portland Oregon, 2006, p.55.

③ Interim Report to the GC, Work Programme on Electronic Commerce, S/C/8, 31 March 1999.

④ 齐爱民:《数字文化商品确权与交易规则的构建》,载《中国法学》2012年第5期。

存在一个平等适用于货物和服务的所谓技术中立原则。① 欧盟认为,当服务以新出现的技术加以提供时,不应在 GATS 框架下受到差别的待遇。但是欧盟非常清楚,在货物贸易(存储在有形介质上的软件)与服务贸易(通过在线的方式传输)之间不能用技术中立这一原则加以区别,不能认为它们是同类产品,因此也不能给予同样的市场准入和国民待遇。

欧盟之所以持这样的观点,是因为它们出于保护其数字化视听产品这一目的。② 如果这些通过电子方式加以传输的产品在事实上被当作服务,欧盟就可以当然地适用其规则来调整通过网络方式传输的电影及电视节目,通过限制性的规则对视听作品的流通和传播实施歧视性的待遇。

并不是只有欧盟持有此种观点,同样出于保护国内视听产业目的,其他 WTO 成员方也坚持认为通过电子方式传输的产品应归类为服务。具体来讲其理由如下:

1. GATS 从长远目标上更有助于数字文化产品的贸易自由化

欧盟认为 WTO 电子商务工作组当前的目标是寻求如何运用现有的 WTO 框架下的规则来调整电子商务问题,而不能把重点过于集中于对市场准入问题的磋商这一问题上。欧盟并不认为只有 GATT 1994 才能更好地规制电子商务中的数字化产品问题,虽然从当前的 GATT 1994 结构来看,其为数字化产品贸易提供了更有利的规定,不过可能只是一种静态分析所得出的结论。GATS 框架也与 GATT 1994 有所不同,GATS 允许通过四种不同的模式进行自由贸易,假如各成员方在 GATS 之下就数字化产品问题作出充分的承诺,那么数字化产品在 GATS 框架下自由化的程度更高,所取得的成果要超过在 GATT 1994 下所取得的结果。③ 就市场准入问题,视听产品在 GATT 1994 之下没有能够加以解决,但是如果在 GATS 下作出充分的承诺,拥有当地电视播放许可权或经营地方有线电视网络这些问题将得以解决。

通过上述分析可以看出,从短期角度考虑,归为 GATT 调整可能是对电子商务最为有利,但从长远角度出发,却未必。软件产业和电影产业之所以强烈要求把其归为货物,可能是出于以下两个方面的考虑,其一是可能 GATS 还未能对这类产品作更加深入的、充分的考虑;其二可能是持有归为 GATT 调整观点的支持者认为他们宁愿选择现有的GATT 之下的自由贸易承诺,而不愿意选择 GATS 之下不确定的承诺。④

---

① Sacha Wunsch-Vincent, Outstanding WTO Issues and Deliverables with Respect to the Electronic Cross-border Trade of Digital Products, p. 21. http://www.cid.harvard.edu/cidtrade/Papers/Wunsch_WTO.pdf,last visted on 2008-10-09.

② See US Holds E-commerce Talks with WTO Partners, Covering Nature of Digital Products, BNA WTO Reporter, June 13, 2001.

③ Sacha Wunsch-Vincent, Outstanding WTO Issues and Deliverables with Respect to the Electronic Cross-border Trade of Digital Products, p. 22. http://www.cid.harvard.edu/cidtrade/Papers/Wunsch_WTO.pdf, last visited on 2008-10-09.

④ Sacha Wunsch-Vincent, Outstanding WTO Issues and Deliverables with Respect to theElectronic Cross-border Trade of Digital Products,p. 35. http://www.cid.harvard.edu/cidtrade/Papers/Wunsch_WTO.pdf, last visited on 2008-10-09.

2. GATT 及 ITA 都不能确保数字化产品贸易的自由化

GATT 1994 对货物的分类标准是采用世界海关组织(WCO)制定的《商品名称及编码协调制度》(HS),其分类标准是根据货物的物理属性,而不考虑货物的最终用途。就文化产品中的电影这类可以数字化的视听产品而言,这类产品不具有真实的物理属性,《商品名称及编码协调制度》(HS)中并不存在对内容(content)的规定,因此并未对这些内容提供任何恰当类别。① 对于计算机软件而言,它是根据其载体的类别进行分类的。这些包含有计算机软件的货物在 HS 表中被归类为 8524,已灌(录)音或录制其他信息的唱片、磁带及其他媒体,包括供复制用的母片及母带,但不包括第三十七章的产品。②

原来的"内容"只能体现在特定的载体之上,例如书籍、录像等,这些载体很容易加以识别。但随着技术的发展,这些"内容"的载体可以在不同的平台上使用,因为载体对货物进行区分以及载体与载体之间的区别不再那么严格,《商品名称及编码协调制度》中的分类对于这类货物而言可能就用处不大。

在货物贸易领域,关税的额度通常是由载体的价值决定的,而不是由载体中所包含的内容所决定。从这一例子中可以更好地说明 GATT 1994 并不能对数字化产品提供最为合适的归类标准。③ 对于那些包含有"内容"的进口载体,在确定关税时应只需要考虑载体本身的价值,不应包括数据的价值。④ 这一事例更好地证明了 GATT 1994 不能更好地为数字化产品提供最为恰当的分类标准。在世界贸易组织的体制内,以电子方式传输的数字化产品并未被认为是真正意义上的货物进出口,GATT 1994 框架下是对有形货物来确定关税的;但在某些情形下,货物的"内容"才是真正贸易对象。需要注意的是,GATT 1994 对于那些不能在关境征收关税的贸易是不能适用的。从以上理由可以看出,适用 GATT 1994 对数字化产品的进行分类是不恰当的。

3. WTO 框架下不存在确保技术中立的规则

欧盟以在 WTO 协议中不存在把货物和服务同等看待的规定,作为反对美国观点的理由。现有的国际贸易制度并未就介质问题进行讨论,特别是文化产品。

能否在联合国中心产品分类(CPC)规则中找到相应的分类,从而依据这一结果来判定数字化视听产品是属于 GATT 还是属于 GATS,这一观点是错误的,因为判断数字化视听产品的价值不是依据其载体,而是其内容本身。

4. 数字化产品的物理特征

在 GATS 中并没有对服务进行界定,在学术上通常认为是基于产品的物理特征或者产品的物质形态来区分货物与服务。欧盟的观点主张那些通过上线方式提供的数字化视听产品应归属于服务,消费者把在计算机缓存中的数字化产品以有形光盘的方式再次刻

---

① WTO Document G/C/W/128, November 5, 1998.

② 参见乌拉圭回合多边贸易谈判结果:《法律文本中国加入世界贸易组织法律文件》,人民出版社 2002 年版,第 717 页。

③ Valuation Issues Arising from the Application of the Agreement on the Implementation of Art. VII of the GATT 1994, WTO Document WT/GC/24, April 12, 1999, G/VAL/1-8 and G/VAL/W/1-5.

④ Decision on the Valuation of Carrier Media Bearing Software for Data Processing Equipment, See also WTO Document G/VAL/8, October 21, 1996.

录下来,这一行为与最初的跨境提供的视频服务不存在直接相关的联系,因此不能以后者的行为决定前者的调整规则①。

5. 由 GATS 调整,数字化产品法律确定性逐渐在提高

世界贸易组织的一些成员认为,原来那些可以被数字化的产品一直都由 GATT 1994 调整,因此数字化产品和原来的产品应属于"类似产品(like products)"。这种主张貌似合理,之所以会出现这一情形是因为 GATS 在对这些产品进行归类时并不存在,把含有数字化"内容"的载体归入 GATT 1994 加以调整是由于缺少更恰当的归类,这一归类在当时有一定的合理性。但目前由于 WTO 的规则日益完善,完全可以通过 GATS 规则来取代被 GATT 所调整的数字化产品,因为绝大多数情形下视听产品或计算机软件服务都应由 GATS 加以调整。

四、数字化文化产品贸易适用 TRIPS

美国 UCITA 认为数字化文化产品交易适用知识产权许可的基本规则。② 数字化文化产品被视为是一种作品,其交易应属于知识产权许可,文化产品销售过程中发生的权利转移是不完整的、暂时性的,完全的权利仍保留在出卖人手里,消费者获得的仅仅是许可使用权。有学者指出,在数字环境下,文化商品的供销商在实践中渐用"产品许可作用"代替传统的销售做法,这样做的直接后果不但没有促进信息和文化的交流与传播,反而会压缩公众获得数字文化商品的空间。③

在世界贸易组织中,有些成员如印度尼西亚、新加坡以及澳大利亚主张数字化产品贸易适用 TRIPS 加以调整。这些成员的观点认为有关在线电影的贸易可能给人一种既不属于服务贸易也不属于货物贸易的印象。这些贸易的价值在于知识产权所保护的思想和内容这样的一种贸易形式。这种贸易形式体现为对版权使用费或许可费的支付。这些成员指出"当一个消费者购买存储在 CD 上的音乐或 CD-ROM 上的计算机软件程序,其交易的法律属性某种意义来讲不同于购买实物产品。真实发生的只是消费者在一特定范围内使用录音制品或软件的一种有限许可"④。这些交易反应在 IMF 有关服务贸易统计中,称为版税和许可费。然而在 GATS 之下的视听服务中却不存在这一命名规则。当跨境购买软件时,不是购买了软件程序,而是购买了以特定的方式使用这一软件的许可。⑤ 程序本身仍然在知识产权所有人的控制之下,因此有人就认为数字化产品贸易可以看作

---

① Australian, Work Programme on Electronic Commerce, WTO Doc S/C/W/68, November 16, 1998.

② See UCITA. 102(a)(11).

③ 参见齐爱民:《数字文化商品确权与交易规则的构建》,载《中国法学》2012年第5期。

④ TRIPS Council, Electronic Work Programme, Submission from Australia, IP/C/W/233(7 December 2000). para. 13.

⑤ OECD Statistics on International Trade in Services 1989—1998.

是版权贸易。因此所适用的多边贸易规则应是 TRIPS。①

TRIPS 为知识产权的保护提供了具体的法律规则,但这一协定不能对数字化产品贸易包括数字化文化产品贸易提供市场准入保护,同样也不能保证任何其他形式的贸易自由化。在某些时候,知识产权反而会构成贸易的壁垒,钳制信息和文化的交流,会与人类文明的发展方面相背离。联合国人权促进小组委员会于 2000 年 8 月通过的《知识产权和人权》的决议指出,TRIPs 协议并没有反映所有人权的基本性质和整体性,包括人人享有获得科学进步及其产生利益的权利、享受卫生保健的权利、享受食物的权利和自我决策的权利,所以,TRIPs 协议同国际人权法之间存在明显的冲突。② 另外,所有的贸易,不管是货物贸易还是服务贸易,都要受到 TRIPS 的约束,因而 TRIPS 不能构成数字化产品贸易的法律框架。

五、混合方案——数字化文化产品属于 GATS 却享有 GATT 待遇

WTO 电子商务工作组曾针对分类问题提出了一个混合方案,即把数字化文化产品归为 GATS 调整,但同时确保在 GATT 层面上的市场准入。按照日本的观点来看,如果在 GATS 的特定部门作出完全承诺并且所有的最惠国待遇的豁免都被消除的话,数字化产品是属于货物还是服务的争论将变得没有任何意义。③ 因为从实际的角度出发,这些数字化产品都分散于各个服务类别当中,如果各个成员在自己的承诺表中就市场准入和国民待遇作出完全的承诺,那么这些承诺与 GATT 中诸如无条件最惠国待遇、国民待遇、禁止数量限制等规则没有差别。这一主张看起来是可以接受的,但是,这一方案在实践当中难以操作,因为要求大多数国家就类似于视听产品这些部门作出完全的市场准入和国民待遇几乎是不可能的,而且也不可能消除所有国家在数字化产品归类这一分歧。④

六、WTO 对数字化文化产品贸易归类问题的分析

通过上述分析,WTO 成员对数字化文化产品贸易的规制之争,其焦点在于适用 GATT 1994 还是 GATS,或是同时适用两者。至于数字化产品贸易适用 TRIPS 这一观点,其明显是不适当的。在 WTO 总理事会的第二次关于电子商务的专门讨论会议上,许多缔约方都认为数字化产品应被视为 GATS 框架下的服务,应适用 GATS 规则进行调整;但是其他缔约方中有些提出了反对观点,主张原来在 GATT 1994 之下调整的货物贸易,仅仅因为交易方式的变化就适用 GATS,转变成 GATS 之下的服务,那么在转换上必

---

① Work programme on Electronic Commerce Communication from Indonesia and Singapore, WT/GC/W/247(9 July 1999) para. 12.
② 黄玉烨:《知识产权利益衡量论——兼论后 TRIPs 时代知识产权国际保护的新发展》,载《法商研究》2004 年第 5 期。
③ Sacha Wunsch-Vincent, *The WTO, the Internet and Trade in Digital Products—EC-US Perspectives*, Oxford and Portland Oregon, 2006. p.61.
④ 张华:《论世贸组织视听产品规则的局限性及其克服》,载《河南社会科学》2009 年第 1 期。

然缺乏连续一致性而且无实际意义。

在"加拿大期刊"一案中,上诉机构指出,期刊是由两个部分组成的货物:编辑内容和广告内容。这两个构成部分都可以被视为具有服务性质,但是它们结合起来又构成了这一物理产品——期刊本身。① 因此,对于广告的征税可能会由 GATS 调整,对于期刊征税适用于货物贸易规则的调整并且受制于 GATT 1994。在 WTO 框架下,GATT 1994 和 GATS 可以相互并存,但彼此不能互相替代,出现分类争议的根本原因是因为 WTO 货物规则和服务规则分离且缺乏定性标准,随着实物形态的文化产品和文化服务的相互关联程度不断得到加深,GATS 与 GATT 1994 之间的这一矛盾将变得更加突出,随着新技术和新发明的运用,文化内容可以包含在实物产品之中,但也可以独立于有形的实物产品以新的形式(比如电子方式)完成"内容"的生产、交付及消费。这势必要引起数字文化产品分类问题的复杂性。

笔者认为应该把数字化视听产品归类于服务而适用 GATS 更为合理。理由是,虽然电影、音乐等视听产品以数字化方式传输完成以后可以以有形物的方式输出,看起来这与传统的货物贸易有相似之处——有形对应物,但是我们可以看出在以电子方式传输的过程中,特别是在跨越国境之时并没有有形的对应物,即便在这一贸易完成之后最终把其转化为光盘等有形的方式,但是消费者将其用一定的物理载体保存下来完全是个人行为,而这种保存的个人行为决不影响到数字化产品的性质。并且,事实上在许多时候传输的信息并不能保存下来,只能在线消费,或者即便能保存下来,但最终根本没有转化成有形对应物。总而言之,在数字化视听产品贸易过程中,将这些数字化文化产品转化为有形对应物只是个人行为,并不是这一贸易过程中必不可少的一部分。②

本 章 小 结

特别是对于通过网络方式传输的电影、书籍、音乐等这类可以数字化的产品,对这些文化产品归类时会面临一些困难。在对此问题进行探讨时,WTO 的缔约方已经对通过这些以电子方式传输的产品达成关税征收延迟的共识。对于数字化产品,欧盟主张应该视为服务,主要原因在于在当前的 GATS 框架下,欧盟就文化产品具有更广泛的行动自由。与此相反,美国则极力主张把数字化产品视为货物,因为其有强有力的 GATT 1994 规则作为后盾。如果 GATT 1994 和 GATS 在数字化文化产品这一问题上更加紧密地结合,以这两个国家为代表的分歧将会越来越少。

就数字化文化产品而言,没有协定明确的规定其适用什么样的规则或权利与义务。就适用什么规则这一问题,主要是集中在 GATT 规则和 GATS 规则是否能够对数字化文化产品适用。如果能够确定 GATS 规则可以对其适用,那么又将以什么样的方式对其作出承诺。

---

① Appellate Body Report, Canada-Periodicals. 17.
② 张华:《论世贸组织视听产品规则的局限性及其克服》,载《河南社会科学》2009 年第 1 期。

美国与欧盟对此问题的分歧阻碍了数字化文化产品贸易自由化的向前发展。世界贸易组织在数字化文化产品上存在的分歧仅仅是由于美国和欧盟的不同主张所引起的,因为它们与此相关的贸易政策利益决定了对此问题不同的主张,正如后面我们所分析的,美国对于数字化文化产品的态度是一个广义的数字贸易安排,简单来说就是要使数字化文化产品在WTO之内获取最大的贸易自由化的成果。因此美国极力主张对于数字化文化产品适用GATT规则。日本也持有相同的主张。①

与美国的观点不同的是,欧盟把所有的数字化文化产品视为服务。② 因此对于数字化文化产品适用GATS,而GATS与GATT在数字化文化产品贸易自由化方面相比较而言,所规定的待遇水平要低一些。在GATS项下,欧盟没有对视听产品的市场准入作出任何承诺,这就可以使欧盟对于来自国外的娱乐等与此相关的产业实施限制或禁止市场准入。欧盟之所以这样做的目的是为给视听产品的贸易保护政策保留一个回旋余地。欧盟也意识到了其做法,即对于基于新技术而出现的服务自由而作出的调整,可能将会导致美国提出挑战。

总的来讲,美国与欧盟都想要在国际贸易的谈判中追求其国家利益的最大化,就数字化文化产品而言,它们双方在不同的领域具有不同的相对优势。因此美国主张的为数字化文化产品提供无歧视的市场准入和贸易自由的待遇可能与贸易自由化原则更相符合。

---

① *Electronic Commerce on WTO*, Statement by the Japan Ministry of International Trade and Industry, 11 May, 1999.
② CTS, Work Programme on Electronic Commerce, S/C/W/68, 16 November, 1998.

第四章

文化产品贸易与文化政策措施

第一节 文化政策措施

在乌拉圭回合谈判过程中,各成员方对于文化产品的态度有很大的差异,究其主要原因是由于文化的冲突与文化的竞争。最具代表性的是美国与法国针锋相对的主张。在实践中,美国对待文化产业政策追求的是普遍主义、自由贸易和文化扩张;而法国与加拿大的文化产业政策所追求的是保护与扶持。因此后者是把文化产品与其他可贸易的产品视作不同的对象,为保护或促进本国文化的目的,各主权国家的政府可以通过一些措施在任何情形下对来自于国外的文化产品施加贸易壁垒;就前者而言,其把文化产品视为一般的商品,并且认为主权国家为保护本国文化或促进本国文化的目的而对外国的文化产品采取限制措施,这是贸易保护主义者的一种借口,目的在于保护本地企业免受国外同类企业的竞争,而且这些措施并不能在促进或保护本国文化方面起到任何作用。

在理解文化政策措施与贸易保护主义之间的关系时,我们首先考虑的是这些为保护或促进本国文化而采取的措施是否与世界贸易组织框架下的相关规则相符;其次,如果这些措施符合世界贸易组织规则,那么各缔约方是否可以自由地采取任何措施加以限制。

关于文化政策,联合国教科文组织在 1967 年召开的 24 国文化圆桌会议上下了一个定义:"文化政策应该是指一个社会为了满足某些文化需要,通过在给定的时期内最优化地利用可以取得的物质资源和人力资源来制定有意识的、特定的措施,以及采取干预或不干预的行动的总和。"[①]另外该组织(UNESCO)在 2005 年的《保护和促进文化表现形式多样性公约》中对文化政策措施进行了明确的界定:文化政策措施是"指地方、国家、区域或国际层面上针对文化本身或为了对个人、群体或社会的文化表现形式产生直接影响的各项政策和措施,包括与创作、生产、传播、销售和享有文化活动、产品与服务相关的政策和措施"。[②]

有学者认为,"文化政策是国际组织和政府机构,在一定时期为实现文化发展特定目

---

① UNESCO, Cultural Policy—A Preliminary Study, Paris, 1969, p.10. http://unesdoc.unesco.org/images/0000/000011/001173eo.pdf,下载日期:2010 年 1 月 9 日。

② Convention on the Protection and Promotion of the Diversity of Cultural Expressions, Article 4 (6).

标,通过政策成本与政策效果的比较,对与文化发展相关的社会公私行为所作出的有选择性的约束和指引。根据文化发展的现实状况和对未来发展的预期,以文化政策的形式作出有针对性的制度安排是当今社会充分运用国家权力和政府资源促进文化发展的普遍选择"①。

大多数主权国家的电影、电视、广播等与文化产品相关的产业的管理政策,主要以政府扶持和保护为主,通过国家财政拨款等方式,并辅以立法和行政手段。就一般性的文化政策措施而言,国家通常都会采取要求本土内容最低限度的配额要求。

在1960年加拿大就制定了有关"加拿大的内容要求"的法规,规定任何电视台都必须达到平均每月播出55%的加拿大节目播出量的规定,不久又增加到60%。② 加拿大在《广播法》中明确提出,加拿大的每一广播机构在节目制作和播出时应最大限度地采用加拿大本土的资源。③ 对于音乐节目要求每天6点到12点播出的节目中,加拿大的流行音乐节目至少要达到35%,对于电视节目,"加拿大内容"的节目比例要达到50%,国营电视台在任何时间都必须至少播出60%的"加拿大内容"的电视节目。④ 法国每家电视台播放作品的比例是至少60%的欧洲作品和至少40%的法语原文表达作品⑤,但各家电视台可以与高级视听委员会签订协议,把欧洲作品的百分比从60%的降低到50%,但是电视台必须扩大其对法语原文表达作品的制片投资资金。

各国对于电影产业的扶持,通常是通过优惠的税收措施来实现的。提供非常优惠的税收是有前提的,这其中就涉及对电影进行相应的国籍鉴定。英国对于制作成本在2000万英镑以下的英国电影,电影公司至少可以获得在英国花费成本20%的税收优惠;成本高于2000万英镑的英国电影,电影公司至少可以获得在英国花费成本16%的税收优惠。⑥

除了上述这些措施之外,许多国家也会为本土的视听产业提供相应的补贴。以欧盟为例,在2001年之前,欧盟为视听产业大约提供了1120万欧元的资助。其中,法国是提供补贴最大的国家,其所占的比例高达欧盟提供补贴数额的近40%。提供补贴并不是欧盟国家的专利,在其他国家同样也存在类似的行为,世界贸易组织秘书处曾在1998年的报告中指出,至少有17个世界贸易组织的成员对其视听产业提供相应的补贴,其中就包括加拿大和澳大利亚等国家。⑦

---

① 刘华:《文化政策视阈下我国知识产权文化发展研究》,载《华中师范大学学报(社科版)》2009年第2期。
② 周俊:《加拿大广播电视政策的保护》,载《中国记者》2001年第2期。
③ Broadcasting Act (1991), 3.1(f).
④ TPRB, *Trade Policy Review*, Canada—Report by the Secretariat, WT/TPR/S/78, 15 November 2000.
⑤ Ivan Bernier, Cultural Goods and Services in International Trade Law, in Dennis Browne (ed.), *The Culture/Trade Quandary—Canada's Policy Options*, 1998, p.109.
⑥ 毕佳、龙志超:《英国文化产业》,外语教学与研究出版社2007年版,第96页。
⑦ Working Party on GATS Rules of WTO, Subsidies for Services Sectors—Information Contained in WTO Trade Policy Reviews-Background Note by the Secretariat, S/WPGR/W/25, 26 January 1998.

文化产品具有特殊性,如果文化产品仅仅是提供娱乐或帮助消费者打发时间,那么很难看出政府为什么一定要介入进来,并且通过以一种会对自由贸易产生限制的方式来支持它们。但是假如说文化产品在某种程度上超出了娱乐这个概念,那么政府介入将是毫无疑问的。原因可以总结为两点,首先,视听产品在为公众提供信息,并且这些信息对公众观点的形成起到了一个非常重要的作用;同时,这些信息也有相应的教育功能。《文化多样性宣言》第8条从一个相对来说不是那么功利化的角度作出了如下的描述:"文化产品和服务作为身份、价值及内涵的标志,不能被当作仅仅是日常消费品或生活消费品。"在世界贸易组织框架下,一些国家,如巴西强调了视听服务在文化价值和思想的传播上所起的作用①,澳大利亚也已经建议这些服务在澳大利亚多元文化社会中反映了一个民族和文化身份的含义。即使是美国,其也已经承认视听部门可能具有特定的文化特征。② 其次,文化产品对文化的保护或促进。联合国教科文组织就与文化方面相关的事项在国际层面上起着主导的作用。其创设的目标在于通过世界人民的文化联系提高国际和平以及人类的共同福利。

第二节 文化政策措施的种类

对原产于任何其他缔约方的关于教育、科学或涉及文化性质的电影和录音制品,《贝鲁特协定》为缔约方政府提供了免除关税、数量限制以及进口许可证要求。《佛罗伦萨协定》的缔约国承诺,除其他事项外,不对书籍、出版物和文件,或者是关于教育、科学或文化属性的视频和音频材料(包括电影和录音制品),适用关税和其他费用。受制于某些例外,《内罗毕协定》的缔约方同意把这一义务扩展到特定的其他事物上。这些联合国教科文组织的承诺看起来更像包含在世界贸易组织协定中的那些类型的贸易自由化承诺。③

联合国教科文组织的这些文件没有说明文化政策措施不能对贸易产生限制,或者为文化利益的目的不能采取歧视性文化政策措施,因为主张文化产品的无限制的流动更容易破坏文化的多样性。但是联合国教科文组织的这些法律文件表明,文化政策措施可能有限制贸易的副作用,而且贸易限制本身不需要也不应该成为它们的目标。在世界贸易组织的框架下,很少有国家就视听产品等文化产品作出承诺,反而强调保留适用国内文化政策措施的权利。具体措施主要包括以下内容:

一、补贴

对于文化产品提供补贴,各国政府通常采用直接转移资金或放弃应收的财政资金的

---

① Council for Trade in Services of WTO, Communication from Brazil-Audiovisual Services, S/CSS/W/99, 9 July, 2001.

② Council for Trade in Services of WTO, Communication from the United States-Audiovisual and Related Services, S/CSS/W/21, 18 December 2000.

③ 详细分析参见本书的第二章。

方式;补贴在保护和促进本土文化的各项措施中占有重要的地位。例如欧盟各成员方通过在本国国内采取补贴措施,对本国文化产品的出口竞争力加以保护和促进。如德国电影产业受到联邦文化和媒体事务专员的支持,每年各种电影节和发展计划可以获得总额超过1.3亿欧元的资金。2007年一种名为"鼓励和巩固德国电影生产"的新的支持模式开始实施,根据这种模式,电影制片人花在德国本土电影制作上的费用可以得到15%到20%的补偿①。

除欧盟以外,加拿大是对视听产业提供补贴最多的国家。每一年加拿大政府都为公共广播服务提供了10亿加元以上的补贴。在1996年到1997年之间,有3000万加元以上的加拿大电影基金投入到了电影的生产和创作之中;除此之外,加拿大对国内电视电影的生产创作,每年有2亿加元的电视基金对其提供支持。对于从事图书杂志出版、电影音像、录音录像和多媒体制作等行业的提供优惠利息的贷款。

二、许可要求

广播和电视节目的转播权通常要事前获得许可证,许可要求可以作为限制电视或广播节目市场准入的措施之一。加拿大通过特许权投放对外国视听产品进入到国内广播和电视市场进行了控制。加拿大对投资广播业的外商所有权予以限制——持许可证的公司所有权不得超过20%,控股公司的所有权不得超过33.3%。加拿大广播电视及电信委员会(CRTC)在《加拿大广播法》(*Broadcasting Act*)的许可规定曾导致了加拿大与美国之间的冲突,这一冲突后来在世界贸易组织之外进行解决。1994年,加拿大广播电视及通信委员会(CRTC)对一些加拿大付费与专门性服务节目提供了许可,并且加拿大新国家广播网(NCN)公司也获得了一项播送节目的专项许可。但是已在加拿大市场连续存续超过10年时间的美国专门频道——美国乡村音乐频道(CMT)却被加拿大政府排除在合格服务提供商的名单之外。在开始阶段美国贸易代表依据《美国贸易法》第301条的规定,在联邦法院提起针对该决议的诉讼,但当加拿大新国家广播网以允许美国乡村音乐频道控股20%的方式与美国乡村音乐频道合并后,美国就撤销了该项诉讼②。

三、内容要求

法国对电视网络播放的电影中至少有60%必须是欧洲制作的,其中不少于40%为法语内容;加密模拟信号地面电视网络必须将其产值的3.2%用于原创法语电影的制作;对于非加密电视频道,电视台每年必须支出不少于其产值的20%用于购买欧洲和法语电影作品的播放权;私人广播电台节目中必须有不少于40%的内容是法语歌曲。③

加拿大对文化产业进行保护最重要的措施之一是"加拿大的内容要求",这一"内容要

---

① 李庆本、吴慧勇:《欧盟各国文化产业政策咨询报告》,大象出版社2008年版,第112页。
② 马冉:《加拿大的文化产业政策措施评析》,载《辽宁行政学院学报》2009年第11期。
③ 李庆本、吴慧勇:《欧盟各国文化产业政策咨询报告》,大象出版社2008年版,第125页。

求"也是加拿大文化政策中最受争议的一部分,因为"内容要求"可以理解为是一种配额管理措施,这一内容配额管理措施主要针对广播电视领域。对于这项规定的执行,最大的困难在于如何界定"加拿大内容"和如何确定"加拿大内容"的含量。根据加拿大广播电视及电信委员会(CRTC)所作出的界定,"加拿大内容"就是加拿大艺术家创作的、关于加拿大故事的文化产品。该委员会对"加拿大内容"广播和电视两个方面进行了具体的规定,确定了认定"加拿大音乐"和"加拿大电视节目"的必备要素。就加拿大所有广播电台在每周播放的流行音乐节目中,必须保证35%的加拿大流行音乐。对于电视节目的播放时间,私营电视台每天从早晨6时到午夜必须保证60%的加拿大节目;黄金时段,必须保证50%的加拿大节目。对于公共电视台,必须保证每天从早晨6时到午夜播放60%的加拿大节目①。

四、税收措施

通过税收立法来控制广告的流动,而广告是某些文化产业,特别是广播电视和期刊业的生命线,加拿大支持文化产业的税收措施主要体现在《所得税法案》中。1977年,加拿大国会通过了 Bill C-58,对1958年的《所得税法案》进行了修订,规定在加拿大人拥有75%股份的期刊和80%股份的电视台做广告,可以享受税收减免待遇。该项措施使加拿大电视台有了相对充足的资本进行电视节目的制作。税收措施也使加拿大期刊得到较为充足的广告收入来源。②

德国对艺术和文化的间接支付通过减税的方式进行,在增值税方面,一些文化产品应缴纳的增值税率为7%而非标准的16%。在特殊情况下,公共文化活动和非营利性活动免收增值税。③ 法国针对文学和艺术创作,文物保护,文化、电影、音像和唱片的发展和传播,新闻,出版这五个领域采取了税收优惠措施,包括所得税的减免、增值税标准降低、专业税的减免、财产税和登记费的减免等;针对图书的增值税税率为5.5%,这一税率也适用于剧院、电影院、马戏团、音乐会、各种娱乐表演的门票④。

五、所有权规定

有些国家或地区在文化产业领域限制对外国投资。特别是对新闻广播公司、无线、有线电视运营商更是如此。美国在此方面有一系列的措施,比如,单个电视运营商在广电市场上的份额不得超过45%。在报纸和新闻广播或者有线电视运营中的合资比例也有严格的限制,这样可以保证广电行业里的多样性和充分竞争。同样,法国、奥地利、澳大利亚、加拿大、英国等国家的法律中都规定了相类似的措施。例如,按照奥地利1997年6月

---

① 张玉国:《国家利益与文化政策》,广东人民出版社2005年版,第209~211页。
② 张玉国:《国家利益与文化政策》,广东人民出版社2005年版,第212页。
③ 李庆本、吴慧勇:《欧盟各国文化产业政策咨询报告》,大象出版社2008年版,第109页。
④ 李庆本、吴慧勇:《欧盟各国文化产业政策咨询报告》,大象出版社2008年版,第123页。

通过的《电缆与卫星广播法案》第5条第1款规定,通过电缆或卫星传送节目的广播运营商必须是奥地利公民,即自然人或法人。法国对外资在广播公司的持股限额最高规定为49%。①

1985年通过的《加拿大投资法案》对外资公司在加拿大文化产业领域的投资进行了严格限制:不仅需要经过政府有关部门的审批,还对加拿大文化企业的兼并收购列举了约束条件。如果外国人要投资于某些特殊的行业,或接管现存的企业,则该项投资不仅要申报,并可能依据《加拿大投资法案》条例接受审核。

第三节　文化政策措施的合理性

一、文化产品市场

文化产品通常能以较低的成本加以复制,并为多个用户同时使用。这一事实解释了为什么美国在视听产品上占有优势市场地位。视听产品的收入不是取决于每个消费者支付的价格而是取决于消费者的数量。在较大的和较富裕的市场,潜在的收入和生产预算相对较大。当文化产品进入国际贸易市场,世界范围内的消费者趋向于选择那些具有较大预算的产品,特别是针对那些为较大和较富裕的国内市场生产的文化产品②。例如美国这样的国家,在文化产品上所取得的收入,出口所得占有很大一部分比例,因此,其就较为可能去研发具有较大普遍吸引力的产品。所产生的结果是,出口导向型产品的边际成本影响了具有少量观众的国内导向型产品的生存,这时市场失灵发生了。换句话来讲,当视听产品在商业上不能独立生存,即使它们的创造和流通将是对社会资源的珍贵利用,也阻止不了市场的失灵③。

消费者选择有较大预算制作的视听产品这一假设用以支持政府进行干预的论据是值得商榷的。在某种意义上较大的预算可能意味着较好的产品,例如可以使用更好的服装、道具、演员或特效。然而,更多的钱并不一定就意味着更好的产品或更多的观众,低预算的产品有时同样达到或超过高预算的产品的成功。例如印度的电影平均预算尽管相对较低,但是印度比其他任何国家都生产了更多的电影。另外,印度的电影和电视国际需求量非常大,因为居住在海外的印度人和其祖国保持着紧密的文化和语言联系,而且对于非印度居民,其对印度语言的节目有一个强大的和逐渐增长的需求。其他具有类似语言和文化的南亚群体(如巴基斯坦、孟加拉国、斯里兰卡等)同样也会对印度语言节目产生潜在的

---

① 张骞:《国际文化产品贸易公法研究》,苏州大学2010年博士论文,第53页。
② Edwin Baker, An Economic Critique of Free Trade in Media Products, *North Carolina Law Review*, Vol. 78, p. 1357.
③ Edwin Baker, An Economic Critique of Free Trade in Media Products, *North Carolina Law Review*, Vol. 78, p. 1385.

需求①。

除了美国之外的其他国家的文化产业可能更严重地依赖出口,因此这些国家在生产文化产品时就会更加注重标准问题,即采用通用的标准,而根据这些标准所生产的产品会产生通行的吸引力。例如在埃及,从电影取得的国内收入还不能弥补生产成本,因此在阿拉伯世界的外部发行是其收入的主要来源。而且,它也不是唯一具有大量人口的国家取得了商业或出口成功。事实上,人口小国也可能会产生文化产品对出口的依赖。如在牙买加和瑞典这些音乐产业比较成功的国家也高度依赖出口。另外,澳大利亚的文化产业同样也是逐渐地变为出口导向型的。还有就是荷兰,它是少数几个主要电视节目出口到母语是英语的国家的欧洲出口国之一。②

讲英语这一语言的市场规模较大,因此文化产品的定价要比那些非英语的市场定价要低,特别是一些国家在其市场上购买美国的文化产品要比购买本土产品的价格要低。因此一些评论者认为这会对文化多样性或本土文化产生冲击。因为美国的文化产品由于巨大的发行量和经济潜力,其投资回报在国内已经基本实现,所以在国际市场上其产品自然便具有非常强的竞争力。③

随着时间推移,特别是由于新技术将使接触世界范围内的文化产品变得更加容易。这使每一个国家将更少地依赖于其本国国内市场而获取利润,因此也就降低了本土市场规模这一因素的重要性。美国当前可能从受益于专业化的劳工和产业结构,在特定领域促进了文化产品的成功创作,最明显的例子为好莱坞的电影产业。但是在美国之外,如牙买加和英国的录音制品、孟买的电影也取得了较好的成就。

二、外部因素

在某种程度上文化产品对文化多样性有贡献,它们也可以具有公共产品方面的因素。公共产品的诸多性质决定其应由政府提供。经济学家萨缪尔森把纯公共产品的概念界定为:"每个人对这种产品的消费,都不会导致其他人对该产品消费的减少。"④单纯的公共产品是非竞争性的(一个人对它们的消费并不能减少其他人消费它们的能力)和非独占的(它们不能被仅限定于某些特定的消费者);因此,那些能够产生积极外部条件的公共产品,如果没有政府的提供或缺少政府的支持将会在数量上生产不足。公共产品所产生的利益可以从一个人传递到下一个人,从一代传递到下一代,在全球公共产品的情形下或者甚至传递到整个人类。与物种的多样化相类似,文化或文化的多样性可以被描述成公共物品。

---

① Mukherjee, Arpita, Audiio-Visual Policies and International Trade: The Case of India in Paolo Guerrieri, Lelio Iapadre, and Gerog Koopmann(eds.), Cultural Audiovisual Sector(Cheltenham: Edward Elgar, 2005).

② Tania Voon, *Cultural Products and the World Trade Organization*, Cambridge University Press, 2007, p.46.

③ 李怀亮:《当代国际文化贸易与文化竞争》,广东人民出版社 2005 年版,第 105 页。

④ 余红燕:《政府与公共产品》,载《山东行政学院山东省经济管理干部学院学报》2004 年第 4 期。

就文化产品而言,一旦生产完成并播出之后,为其他市场的观众或听众提供的资源和成本几乎为零。文化产品可能在某种程度上具有独占性(例如通过知识产权)和竞争性(如只能一个人在同一时间充裕地阅读一本单一的纸质书);但它们同样也包含了文化,并且各种文化产品的存在增加了文化的多样性,这是一个不很明显的独占和竞争。文化多样性全球公共产品的属性(即国与国之间的多样性而不仅仅是在国内的多样性)同样也可以解释促进文化多样性在国际合作的共同需要①。

提出这一问题的另外一种方法是承认文化价值与经济价值不一定是相关联的。文化与经济价值(或社会和个人价值)之间可能很好地存在一个积极的关联,从这个意义上说个人可能愿意为一些具有较高文化价值的东西付出更高的代价②。不过,这种关联不可能是完美的。至少在某些环境下,文化与经济价值之间可能甚至是消极的,例如,如果高级文化标准被采纳(保守的、精英主义、霸权、专制),这就可能暗示着无调的古典音乐就是一个具有高文化价值但低经济价值的日用商品的例子,那些肥皂剧是高经济价值但是低文化价值商品的例子。在某种程度上,个人愿意为文化产品支付的数额不能反映作为整体上其对社区的文化价值,从这个角度来说市场已经失灵。③

上述理由可以解释政府为什么会愿意干预文化产业。鉴于许多文化产品(尤其是服务)有积极的外部条件和社会公益等方面的问题,因此对于文化产品采取干预措施是正当的。市场失灵的存在并不能证明采取贸易限制措施是正当的,相反,有必要去检查那些特殊环境,以决定市场失灵是否可以用一个非歧视的方式加以解决。

三、文化政策措施的必要性

对于来自外国的文化产品采取歧视性的文化政策措施,这将引起两个方面的问题。第一,通过文化产品原产地中立原则来实现保护和促进本土文化或文化多样性这一合法目标是否可能。也就是说这些措施不是针对来自于国外的产品而采取歧视性措施。如果答案是肯定的,那就不需要违反世界贸易组织所规定的国民待遇原则。第二,这些措施能否被设计成能够避免歧视性的措施。

国家之所以针对外国文化产品采取歧视性的措施,在某种程度上取决于政府打算保护或促进的文化属性。针对一个群体而言,为了形成其身份属性和价值属性,从文化保护这一角度就需要为其提供一个彼此交流的机会,这种群体之间的交流的目标是为了建立或维持一个动态的本土文化语系,这一目标就需要来创造或保存本土文化产业④。若不存在本土的文化产业,就会导致本土文化缺乏一个表达的机会和途径。另外文化和文化产品在促进多元化的政治观点方面起着重要的作用,对建立一个有效的民主制度也会起

---

① See WTO, *World Trade Report* 2004, 151.
② David Throsby, Cultural Capital, *Journal of Cultural Economics*, Vol. 23, p. 3.
③ Tania Voon, *Cultural Products and the World Trade Organization*, Cambridge University Press, 2007, p. 53.
④ Edwin Baker, An Economic Critique of Free Trade in Media Products, *North Carolina Law Review*, Vol. 78, p. 1370.

到一定的作用。文化产品具有表达的功能,同样文化产品也有助于思想的传播,因此文化产品可以认为是群体成员之间进行有效沟通的一种手段。就媒介制度而论,例如,在西方的民主国家中,资本主义经济表明了文化生产受市场规律的制约,但是民主规则意味着文化的某种调整则受制于国家。在既定社会内,二者之间通常存在着文化的一些分歧,涉及哪些活动应该只受市场规则的制约,国家在多大程度上的调整和干预才是合适的,从而保证广播节目的多样性,保证制止公害现象,诸如香烟广告或色情图片的发生。①

基于上述分析,为保存或促进文化目标而采取相应文化政策措施的目的,必须有利于植根于与这一群体相关的文化产品,而不考虑其内容是高文化价值或低文化价值。换言之,电影或书籍的文化重要性不在于它表达了什么,而是谁正在表达。比如说一个关于法国的美国电影从交流的意义上来看,其对于促进法国文化起不了什么作用,然而一个法国版的美国现实电视剧却可以很好地促进法国文化。主权国家可以设计一个文化群体,这一群体可以位于国家的特定区域,或是在国家之内的一个特定的少数群体,或把整个国家的人口作为一个整体;国家可以对非来自于这一文化群体的国外文化产品采取相应的歧视。②

实践中,特别是在贸易磋商过程中强调文化产品的特别属性的那些国家,其文化政策措施倾向于以特定原产地为标准。例如在加拿大,符合加拿大政府支持的电影的判断标准必须确保不仅是加拿大创作人员的实质性主要参与,而且由加拿大人控制生产。为了满足加拿大本国内容配额这一目的,一个被认为是加拿大内容的节目是否能够出现在电视屏幕上,不是取决于其故事、图像或声音是来自于加拿大的,而是取决于资助人、管理人和制作人的国籍。同样法国政府也在采取类似的文化政策措施。这就导致电影《第五元素》(被 Patrick Messerli 描述为由法国导演制作的一个完美的好莱坞克隆版)可以作为一个法国电影而受到了政府的支持,即使它对白是英语并且是由美国的影星布鲁斯·威利斯所主演。与此相反,电影《漫长的婚约》却不能获得法国政府的补贴,因为其生产公司是由好莱坞华纳兄弟公司所控制并且由法国华纳兄弟首脑负责经营的,即使用法语、使用法国导演以及数以百计的法国演员和技术人员,同时也是 2005 年法国塞萨尔奖的最佳提名电影③。

需要注意的是,主权国家的政府可能具有正当的文化理由而对外国文化产品进行歧视,或针对外国文化产品或在外国文化产品之间进行事实上的歧视。但这不一定就意味着所有的文化政策措施方面的歧视在事实上都是由文化原因引起的。如果主权国家的文化政策措施并不是真正的基于保护或促进文化的原因所引起的话,其所采取的文化政策措施将会构成对国民待遇原则的违反,其提供的任何特殊待遇都没有法律上的依据,这一行为可认为是一种贸易保护主义措施。不幸的是,在贸易保护主义与非贸易保护主义的

---

① 吉姆·麦奎根:《文化研究方法论》,李朝阳译,北京大学出版社 2011 年版,第 23 页。
② Tania Voon, *Cultural Products and the World Trade Organization*, Cambridge University Press, 2007, p. 55.
③ Tania Voon, *Cultural Products and the World Trade Organization*, Cambridge University Press, 2007, p. 58.

动机之间,确认是否基于文化政策措施的目的是极其困难的。比如说,如果主权国家的政府对其图书出版业实施税收减免,并认为这一措施对其文化将会产生促进作用。从事实的角度进行分析,这一措施是政府出于文化保护或保存的目的,还是出于商业利益的目的,很难作出准确的判断。

四、文化政策措施的实例分析

如果说对国内文化产品的生产商提供补贴可能违反国民待遇原则,那么间接地对进口的文化产品给予的待遇低于国内同类产品也具有同样效果。然而 GATT 1994 第 3 条第 8 款(b)明确说明,第 3 条不应阻止仅给予国内生产者的补贴的支付。判断一个特定的支付是否属于第 3 条第 8 款(b)将取决于支付时准确的环境,包括支付来自于谁和支付给谁,支付的程序,以及是否任何人都能从这一支付中受益。如果支付不属于第 3 条第 8 款(b),为增加产品的出口或减少进口提供的补贴将受制于透明度的要求。此外,没有违反国民待遇要求的补贴,凭借第 3 条第 8 款(b)所规定的例外,仍然必须遵守 GATT 1994 第 16 条所规定的附加原则。

"加拿大期刊案"提供了一个关于成员方可以根据第 3 条第 8 款(b)的例外来主张文化政策措施的案例。GATT 第 3 条第 8 款(b)项规定:"本条之规定不妨碍只给予国内生产者的补贴,包括从按本条规定征收国内税费所得的收入中以及通过政府购买本国产品的办法,向国内生产者给予补贴。"在案例中,美国对加拿大政府对加拿大邮政公司(一个王室公司)进行相关资助的规定进行了指控,因为加拿大邮政对符合规定的加拿大出版物包括期刊在内收取较低的邮寄费用(资助费用)。加拿大邮政所规定的要件包括,加拿大对出版物拥有所有权或控制权,以及期刊在加拿大出版、印刷和邮寄,并且是在加拿大境内运输。不符合资助费用的个人为在加拿大批量邮寄期刊的目的,可申请与加拿大邮局签订一个低邮寄费用的协议(商业费用)。针对那些在加拿大出版和印刷的期刊的商业费用比那些在其他地方出版的期刊的邮寄费用要低,对于前者还有额外的折扣但对于后者没有[1]。当事人双方都同意,本案涉及的加拿大"受资助"邮寄费率资金是从一个政府机构(内务部)向另一个政府机构(加拿大邮政公司)转移,而不是第 8 款(b)项所说的从政府机构向国内生产者的转移。

专家小组裁定商业费用违反了 GATT 第 3 条第 4 款[2],并且加拿大也没有对这一裁定上诉。专家小组裁定资助费用也违反第 3 条第 4 款,但是加拿大主张资助费用是属于根据第 3 条第 8 款(b)确定的正当补贴[3]。美国认为第 3 条第 8 款(b)不能适用,因为加拿大提供补贴并不是专属于对国内期刊生产者,相反,这些补贴支付给了加拿大邮政。美

---

[1] See Canada-Certain Measures Concerning Periodicals, World Trade WT/DS31/R(14 March 1997), World Trade. WT/DS31/R[2.10-2.19].

[2] Canada-Certain Measures Concerning Periodicals, World Trade WT/DS31/R(14 March 1997), World Trade. WT/DS31/R[5.39].

[3] Canada-Certain Measures Concerning Periodicals, World Trade WT/DS31/R(14 March 1997), World Trade. WT/DS31/R bid[5.40].

国的根据在于 EEC-Oilseeds I 的 GATT 案例，专家小组在此案中指出，可以合适地推断，不是直接支付给生产者的支付不是专属于生产者的①。尽管专家小组同意先前在 EEC-Oilseeds I 一案中专家小组的结论，但是专家小组裁定补贴是专属于国内生产者的，因此专家小组认为加拿大邮政并没有保留来自于资助费用计划的任何经济利益。

在上诉过程中，上诉机构指出 EEC-Oilseeds I 一案中的专家小组就支付的直接性质的评论是法官的附带意见。这表明，对国内生产者提供的间接的支付可能取得第 3 条第 8 款(b)的补贴的资格。然而，上诉机构指出，第 3 条第 8 款(b)是指包括政府提供的开支或财政支付。对国内产品或生产者的税收的扣除或减免要从第 3 条第 8 款(b)排除在外，这一支出或支付由第 3 条的第 2 款和第 4 款调整。上诉机构认为没有理由对一产品税率的减少与运输或邮寄费率的减少之间进行区别。从第 8 款(b)项来看，它所免除的国民待遇义务只是政府使用其收入提供补贴的情况。尽管产生了政府资金内部转移支付，这一支付让加拿大邮政对国内期刊生产者提供了资助，尽管这些生产者可以因此而获取较低的邮寄费用这样的利益，但是加拿大政府并没有实际支付给生产者。因此资助费用不是补贴，并且上诉机构推翻了专家小组关于"支付是正当的"这一结论。②

本 章 小 结

文化多样性及文化的促进和保护与贸易自由化之间的冲突，其中的许多复杂问题源自于文化产品的双重属性，既有商业性又具有文化性。出于对文化的保护或保存这一角度，由于文化产品的市场失灵，有必要采取文化政策措施保护本土文化。但是对文化产品采取歧视性的文化政策措施势必会对世界贸易组织的国民待遇原则构成违反，与其他领域如人权或环境保护和世界贸易组织发生的交叉一样，其所追求的目标与世界贸易组织的目标存在不同之处，因此仔细地对每一个主张进行详细的探讨是非常重要的。上述分析已经表明通过文化产品保护或促进文化是各国政府的合法目标，为实现这一目标而采用歧视文化政策措施。文化产品在生产和消费时，文化的价值并不一定会反映出来，由于它们的私有价值和它们的社会价值之间存在不一致的地方，各国政府在通过文化产品保护本土文化时，其可以找到很好的商业主义理由，在事实上对国外文化产品采取歧视性的文化政策措施。

文化产品在塑造本国价值时起着非凡的作用，因为这些文化产品在一定程度上影响人们对其自身、自己的国家以及本国人民文化的认知方式。人与文化之间的这种紧密联系被认为是贸易需要考虑的一个方面，正如联合国教科文组织的《保护和促进文化表现形

---

① Report of the Panel adopted on 25 January 1990(L/6627-37S/86), European Economic Community-Payments and Subsidies Paidto Processors and Producers of Oilseeds and Relatedanimal-Feed Proteins, para. 137.

② Report of the Appellate Body, Canada-Certain Measures Concerning Periodicals, World Trade. WT/DS31/AB/R(30 June 1997), para. 34~35.

式多样性公约》所强调的那样,这一联系太过重要因此不能被忽略。

与支持国家有权定义它们自己的社会价值这一观念相关,另一主张支持主权国家政府采取文化政策措施的理由是,通过采取相应的文化政策措施,以防止来自国外的、在一特定文化产业领域处于统治地位的文化产品导致的本土文化的衰退。换言之,若没有有效的保护文化产品的贸易政策,国外的文化产品有可能在本土市场趋向于占优势地位,这将最终损害和破坏本土的文化遗产。因此,文化政策措施将有利于避免本土文化遗产的损害和破坏。

第五章

文化产品贸易规则中的例外规定

第一节 文化产品的例外

"WTO 制定的规则要在各主权国家之间适用这一点,决定了它的法律框架必须为自由贸易原则确定若干例外,才能绕开极为敏感的'主权权利'这个暗礁,得以顺畅地通行和运转。"①"贸易自由只是一个相对的概念,而不是一个绝对的概念,贸易自由化事实上是要使相对的贸易自由越来越接近绝对的贸易自由,而不是也不可能实现绝对的贸易自由。"②从 GATT 到 WTO 的产生,本来就是国际贸易关系中矛盾与斗争的产物,各成员国的经济、文化、政治情况不尽相同,因此其所追求的利益也不尽相同。这就导致各国政府在选择贸易政策、国内与贸易相关的法律制度方面也存在较大的差别。从 WTO 规则角度进行分析,WTO 规则一方面规定了一套促进国际贸易自由化的制度,另一方面在这些制度中又存在着许多的例外或限制。贸易自由化的规则是为了建立公平、开放和自由的贸易秩序,在此目的之下设定了一般的法律框架和应该遵循的规则;而例外或限制的目的在于允许各国政府在一定的条件下实施适度的贸易保护。根据现有的 WTO 规则,现有的例外大致包括以下几个方面:第一,最惠国待遇例外;第二,国民待遇例外;第三,数量限制一般取消例外;第四,非歧视待遇例外;第五,对发展中国家的例外;第六,一般例外;第七,安全例外。

"条约中的例外条款有两种表现形式,其一为自身例外,即在本条文中列明限定本条适用的前提条件;其二为一般例外,即在本条文之外另有单列条文来排除整个条约的适用,其目的在于寻求成员国管理国内事务与履行国际条约义务之间的平衡。一般而言,如果一成员国可以通过自身例外来证明某项措施的合法性,则无须再援引一般例外条款。"③

---

① 赵维田:《世贸组织(WTO)的法律制度》,吉林人民出版社 2000 年版,第 325 页。
② 陶凯元:《国际服务贸易法律的多边化与中国对外服务贸易法制》,法律出版社 2000 年版,第 34 页。
③ 彭岳:《贸易与道德:中美文化产品争端的法律分析》,载《中国社会科学》2009 年第 2 期,第 139 页。

第二节 文化产品例外——自身例外

一、自身例外条款的范围

"根据适用的范围,自身例外主要分为国别例外和统一例外。前者指有关国家在加入WTO时所特别承诺的例外条款。后者指适用于所有成员国的例外条款。"① 根据这一界定,GATT 1994 第 3.2 条②、3.8 条③以及第 4 条就构成了统一例外条款。

GATT 1994 通过建立一个完整的关税减让体系来调整各缔约方之间的贸易关系。但是各缔约方可以自行制定国内法律和法规,这一行为就可能导致对进口贸易产生负面的影响,因为其有可能打破 GATT 所确立的关税平衡。因为,在坚持统一关税体系时,若一缔约方出于旨在对进口货物实施差别待遇的目的,而制定了相应的国内税,这就使 WTO 所建立的保护自由贸易的规则变得毫无价值。这一差别性待遇看起来可能对于那些进口的产品特别不公,因为这些产品与那些享受保护的货物具有相类似的物理性质,而 GATT 明确禁止成员方对进口的类似产品进行差别待遇而保护相似的本土产品(同类产品)。这一非歧视要求可以理解为 GATT 第 3 条的国民待遇原则。④

国民待遇原则的要求之一就是通过要求成员国对那些与本土产品类似的进口产品以相同的方式进行对待,从而达到公平的目的。据此原则来说,若缔约方是出于对文化产品的保护这一目的而适用保护性的贸易政策,这一例外就是正当的。⑤ 缔约方可以制定保护贸易的政策以保护文化产品,例如税收的措施。⑥

从表面来看,GATT 的文本并没有就文化产品问题作出例外的规定,打算允许这个对于国民待遇原则的文化例外。但是根据专家小组和上诉机构对 GATT 第 3 条的解释,进口货物是否有资格享有国民待遇的保护,其不仅取决于本国产品文化价值的考虑,也取决于进口产品与本土产品在物理形态的相似程度。根据对第 3 条的这一解读,缔约方不能运用保护文化的借口来免除第 3 条的国民待遇义务。然而对第 3 条所作的字面解释不是唯一可能的解释,国民待遇原则还主要取决于进口产品是否与国内生产的货物相类似,第 3 条第 2 款引用了这些类似的国产货物作为同类"国产品",而第 4 款引用了"源自本国

---

① 彭岳:《贸易与道德:中美文化产品争端的法律分析》,载《中国社会科学》2009 年第 2 期。
② 任何缔约方领土的产品进口至任何其他缔约方领土时,不得对其直接或间接征收超过对同类国产产品直接或间接征收的任何种类的国内税或其他国内费用。
③ GATT 1994 第 3.8 条在文化政策措施中就此问题作出了解释。
④ See Petros C. Mavroidis, The General Agreement on Tariffs and Trade: A Commentary, Oxford University Press, 2005, p.127.
⑤ 在文化政策措施中已作了说明。
⑥ See Generally Michael Hahn, A Clash of Cultures? The UNESCO Diversity Convention and International Trade Law, *Journal of International Economic Law*, 2006, 9(3), p.515.

的同类产品"。由于国民待遇原则授权对进口的产品给予保护,而这一保护取决于进口的产品与"源自本国的"产品或者是"同类国产品"的相似性。因此,缔约方可以运用"源自本国"产品或"同类国产品"的文化价值对来自于进口国的产品加以区分,从而将进口文化产品从国民待遇原则中排除出去。

二、GATT 1994 第 3.2 条规定的同类文化产品

(一)同类文化产品分析

在"加拿大期刊"一案中,美国认为加拿大的消费税在进口"分版"期刊与国内非"分版"期刊这一同类产品之间进行了人为的区分。① 加拿大提出主张,认为争议的国内产品和进口的国外产品不属于 GATT 1994 第 3 条中所说的同类产品。加拿大认为这两类期刊在内容上以及本质特征上差别明显,报刊杂志与普通的贸易商品不同,根据杂志的性质,其本质上是为了知识消费而不是物质上的消费(如食品)或使用(如自行车)。因此诸如杂志之类的文化产品所包含的知识内容就应被视为其首要特征。所以在分析进口的"分版"期刊与国内的非"分版"期刊时,应把知识内容作为一个首要的考查因素。②

由于在 GATT 1994 中并没有给出"同类产品"的定义,WTO 争端解决机构主要是通过个案处理的方式去判定在每个涉及国民待遇争议的案件中涉案的进口国国内产品是否与进口产品属于同类产品。

上诉机构在裁决中指出,GATT 1994 第 3.2 条第一句中的同类产品的含义较为狭隘③。本国产品与特定进口的产品是否相似将取决于以下一些因素:第一,该产品的性能、性质和质量;第二,该产品的最终用途;第三,消费者的偏好及习惯;第四,根据 HS 系统该产品的税则归类。④ 以上这些因素在适用于文化产品时,其文化意义会对文化产品的属性、质量或最终用途产生一些影响。以小说为例,国内的小说与国外进口的小说在物理形态上是相类似的,从功能上来讲都是被人们用来阅读的。但是对于消费者而言,这两类小说就是两个有区别的产品,因为两本小说各自所表达出来的文化属性不尽相同。国外不同语言的小说可以用作学习外语的途径,同样这本小说被翻译成了本土语言后,翻译过的小说与原版小说在性质上也是不一样的。同种语言的两个不同国家的小说面临的问题就更加复杂,因为这两个国家间文化的差异不明显,这就导致在认定同类产品时将会面对更大的困难。

---

① Report of the Panel, Canada-Certain Measures Concerning Periodicals, World Trade WT/DS31/R(14 March; 1997) Para3.60.

② Report of the Panel, Canada-Certain Measures Concerning Periodicals, World Trade WT/DS31/R(14 March; 1997) Para3.61.

③ Appellate Body Report. Japan-Tax on Alcoholic Beverages, WT/DS8/AB/R, WT/DS10/AB/R, WT/DS11/AB/R(circulated 4 October; 1996) 20-1.

④ Appellate Body Report. Japan-Tax on Alcoholic Beverages, WT/DS8/AB/R, WT/DS10/AB/R, WT/DS11/AB/R(circulated 4 October; 1996) 22.

国内的文化产品与外国的文化产品并不相同,彼此都具有各自的艺术和知识内容,因此很难在二者之间加以比较。基于二者之间不是同类产品这一理由,各国政府可以对进口的小说适用更高的税率,这一做法并不违背 GATT 1994 第 3.2 条第一句的规定。采取这一措施的基础是假设进口的小说是国外文化产品,本土生产的小说是本土文化产品。另一种措施是,在外国人写作或出版的小说与本国人写作和出版的小说之间,对前者适用更高的税率。这一措施不需要对小说是进口或是本土生产这一因素加以考虑。从文化的角度出发,外国人出版或写作的小说与本国人出版或写作的小说是不同的文化产品,适用有差别的税率同样也没有违反 GATT 第 3.2 条第一句的规定。

消费者的偏好和习惯这一因素也与同类产品相关,虽然这种偏好和习惯随国家的不同而发生着变化。在日本"酒精类饮料案"中,专家小组和上诉机构都未采纳对消费者的调查结果,因为消费者被误导到无视歧视性税收制度的背景。① 因此上诉机构认为,通过持久的贸易保护措施,消费者对本土文化产品的选择的偏好及习惯早已经形成。专家小组和上诉机构也已经强调了消费者的习惯具有可变的性质,并且也强调了消费者反应不可避免的不确定性。简单来讲,仅仅是因为一个国家的本土消费传统的差别,就使得同类产品变得不再相似。

在 EC-Asbestos 一案中②,加拿大要求 WTO 争端解决机构认定其向欧共体出口的石棉纤维及产品与欧共体生产的 PCG 纤维及产品为 GATT 1994 第 3 条第 4 款规定的"同类产品"。WTO 专家组在其意见中支持了加拿大的主张,认为加拿大出口到欧共体国家的产品中含有的石棉纤维与欧共体所生产的 PCG 纤维为"同类产品",因为两者在物理属性、最终用途、消费者的偏好及使用习惯方面均相类似。

然而,WTO 上诉机构却推翻了专家组的这一结论③。上诉机构认为:石棉纤维的致癌性是其物理性质中起决定性作用的一面,而 PCG 纤维则不含致癌物质,不具致癌性。专家组在认定"同类产品"问题上显然未能考虑这一明显的区别,且两种纤维各属于不同的关税分类,最终用途亦不尽相同。因此,专家组将两者识别为"同类产品"是缺乏依据的。④ 欧共体对于 PCG 纤维及其产品的待遇不能用作与自加拿大进口的石棉纤维产品的待遇相比较。由此,加拿大在本案中诉欧共体违反国民待遇也就缺乏必要的前提条件。

可见,由于标准本身的抽象性,即令相同的标准(如本案中的物理属性)在不同的评判者手中其评判的重点和角度亦会有所区别,以致会得出完全相反的结果,并直接对 WTO 国民待遇争议案件的审理结果产生影响。相同产品的认定问题也因此成为处理 WTO 国

---

① GATT Panel Report, Japan Customs Duties, Taxes and Labeling Practices on Import Wines and Alcoholic Beverages, L/6216, BISD 345/83(adopted 10 November, 1987), para.6.28, para.6.31.

② Report of the Appellate Body, European Communities-Measures Affecting Asbestos and Asbestos-Containing Products, WT/DS135/AB/R(12 March 2001).

③ Report of the Appellate Body, European Communities-Measures Affecting Asbestos and Asbestos-Containing Products, WT/DS135/AB/R(12 March 2001).109.

④ Report of the Appellate Body, European Communities-Measures Affecting Asbestos and Asbestos-Containing Products, WT/DS135/AB/R(12 March 2001).122.

民待遇争议案件过程中的一个难点①。

(二)直接竞争或可替代产品

GATT 1994 第 3.2 条的条文中先后两次出现了"国产品",但前后两次的表述方式并不一致。第一次出现时的表述为"……不得直接或间接征收超过对同类国产品直接或间接……",接下来第二次出现在下一句中"……对进口产品或国产品实施国内税……"②。这两处的"国产品"在含义上有何区别? GATT 1994 第 3.2 条在附件 1 中的补充解释条款这样解释:"符合第 2 条第一句要求的国内税,只有在已税产品与未同样征税的直接竞争或替代产品之间存在竞争的情况下,方被视为与第二句的规定不一致。"③根据这一解释可以这样认为第二次出现的"国产品"是指与进口产品"直接竞争"的或"可替代的"国产品。直接竞争或可替代产品的范围要比同类产品更为广泛④,这样,根据第 3.2 条第一句属于非"同类产品"的两种产品若根据第二句标准就可以构成直接竞争或替代产品。换言之,假如进口国不存在与进口产品相同的产品,但存在着与该进口产品在市场上直接竞争或可替代的产品,进口国为保护国内产业的目的而在该直接竞争或可替代产品与进口产品之间实行相差别待遇,那么这一措施将违反 WTO 的国民待遇原则。

GATT 1994 第 3.2 条第二句中所指的直接竞争的或可替代的产品的含义,上诉机构对"加拿大期刊案"中(Canada-Periodicals)的裁定提供了一个非常有用的案例研究。此案中,上诉机构根据 GATT 第 3.2 条第二句的规定,审查了加拿大根据《消费税法》第五部分第一节对于"分版"期刊(split-run)征收的一种消费税(excise tax)。在裁决进口的"分版"期刊(split-run)和国内的非"分版"期刊(non-split-run)是否是直接竞争或可替代产品的时候,上诉机构主要关注产品在相关市场中的竞争以及产品的可替代性或可互换性。⑤ 加拿大认为加拿大本土的期刊和国外期刊不是直接竞争或可替代的(或类似),因为它们的内容不同。加拿大市场开发的内容和那些主要针对加拿大市场的内容与国外的内容不可能是相同的。与加拿大市场相关的内容将包含加拿大的事件、话题、人物及观点。这些内容可能并非是专属于加拿大的,在国外出版物中也可以找到,这些开发的内容可能是对原内容的重新编辑,目标针对于非加拿大市场。

然而上诉机构否决了加拿大的观点,认为差别性税收计划的存在表明这些期刊之间因为广告收入彼此存在竞争。上诉机构还谈到了一份由加拿大政府有关杂志产业专责小组的报告,报告中指出了美国替代加拿大期刊的能力,国内和进口杂志之间的价格竞争,彼此之间的广告竞争。按照上诉机构观点,包含主要时事新闻的期刊与关注园艺、国际象棋、体育、音乐或烹饪的期刊不是直接竞争的或可替代的。像 Time US、Time Canada and

---

① 吴凯:《论 WTO 国民待遇案例中的产品争议》,载《中山大学学报论丛》2004 年第 4 期。
② GATT 1994, art. 3.2
③ GATT 1994 附件 1。
④ Appellate Body Report, Japan, Tax on Alcoholic Beverages, WT/DS8/AB/R, WT/DS10/AB/R, WT/DS11/AB/R(circulated 4 October, 1996) 25.
⑤ Report of the Appellate Body, Canada-Certain Measures Concerning Periodicals, WORLD TRADE WT/DS31/AB/R(30 June, 1997) 25.

Maclean's 之类的新闻杂志,就是属于直接竞争的或可替代的,不需要考虑 Maclean's 的加拿大内容。①

三、GATT 1994 第 4 条有关电影片的特殊规定

GATT 1994 第 4 条有关电影片的特殊规定是国民待遇原则的一个例外,也是 GATT 1994 中明确允许的对文化产品实行国民待遇例外的唯一条款。这一规定允许缔约方在满足一定的条件下对于国产电影片的放映实施最低的放映限额。这一例外在第 3 条第 10 款得到了明确承认,"本条的国民待遇规定不得阻止任何缔约方制定或维持与已曝光电影片有关的、且满足第 4 条要求的国内数量法规"。另外,GATT 1994 第 4 条对于国内电影的保护规定了具体的形式,通过采用诸如数量规则或放映限额或其他的与第 4 (a)条要求相符的形式对国内电影进行保护。

第 4 条(d)"放映限额的限制、放宽或取消需进行谈判"中的"谈判"这一规定表明了关于放映限额的争论在 1947 年并没有结束,在某种情况下也可以说一直持续到了 1995 年。一些缔约方依据 GATT 第 4 条的规定,采用了放映限额这一措施。另外第 4 条也扩展适用于新西兰在 1947 年 4 月 10 日生效的电影出租限额。值得注意的是第 4 条的适用范围仍不确定。

在 GATT 1947 第 4 条的规则中只对电影设立了例外措施,并没有对其他的文化产品,如书籍、报纸等加以调整。其中主要的原因是:第一,在当时的情形下,电影是一种进行政治宣传的工具,也是对观众的政治立场产生影响的最为有效的工具。GATT 的起草者认为,电影具有传播政治倾向的工具属性,因此应该加以特别对待。第二,在美国以外的其他国家对电影产生了高度的重视,因为美国好莱坞所生产的电影占领了本土市场,特别是欧洲的一些国家为了防止受到美国"文化帝国主义"的损害,进而主张限制美国产的电影进入本土市场。②

1961 年,根据美国的请求,成立了一个专门检查 GATT 1947 对电视节目的适用问题工作组。③ 根据 GATT 1947,美国认为电视节目应属于货物性质,但是第 4 条却不得扩展适用于电视节目。美国这一主张的主要依据是认为与电影相比,电视节目的性质不同。美国的主张还要求就电视节目的播出时间,各缔约方应在为本国生产者保留的播出时间与合理观看国外节目之间进行一种平衡。美国以外的其他缔约方成员不同意美国的观点,认为像适用于电影一样,GATT 第 4 条同样也可以调整电视节目;也可以这样理解,

---

① Report of the Appellate Body, Canada-Certain Measures Concerning Periodicals, WORLD TRADE WT/DS31/AB/R(30 June, 1997), 25.

② Clint N. Smith, International Trade in Television Programming and GATT—An Analysis of Why the European Community's Local Program Requirement Violates the General Agreement on Tariffs and Trade,10 *Int'l Tax&Bus. L.* 97,118(1993).

③ GATT, Application of GATT to International Trade in Television Programmes, L/615 (16 November, 1961).

电视节目属于并非 GATT 1947 所调整的对象——服务。① 最后,工作组对这一问题提出了建议草案,但这一问题并没有得到解决,参与工作组工作的缔约方形成了三种观点:

第一种观点是,美国认为电视节目应属于货物贸易的范畴。由于电视节目的性质与电影影片有很大的不同,因此电视节目不应属于 GATT 第 4 条的国民待遇例外所涵盖的范围。而欧洲国家则否认电视节目属于货物贸易的范畴这一主张,并认为电视节目应属于服务贸易,因此不适用 GATT 的规定。需要注意的是,在进行讨论时,服务贸易这一问题尚未出现,GATT 没有涉及服务贸易的问题;因此各缔约方可以通过制定国内的贸易政策措施对外国电视节目的进口或播放进行限制。

第二种观点认为可对 GATT 第 4 条作一些必要的变动,使其符合电视节目的特性。这种观点不同意美国所提出有关市场开放的要求,并认为美国的这一要求构成了 GATT 以外的一项新义务。

第三种观点对于把电视节目放在 GATT 框架中进行讨论的正当性提出了质疑。法国主张电视节目是通过新技术对信号进行的传输,固电视节目不属于货物贸易的范畴;并且建议,认为需要等到信号传播技术发展成熟以后,再考虑把电视节目纳入贸易自由化讨论的议题之中②。

欧盟委员会在 1989 年 10 月 3 日通过了《无国界电视指令》。③ 这一规定涉及了电视节目的制作和传播事项,指令要求欧盟的成员国,在可操作的前提下并通过适当的方式,确保欧洲的作品播出的时间占运营商播出时间的绝对多数,对于那些独立于运营商之外的创作者所创作的欧洲作品,至少要占播出时间的 10%,或节目预算的 10%,指令特别涉及了电视在提供信息、教育、文化以及娱乐上的作用④。这一《指令》主要是在法国的坚持下起草的,因此《指令》的内容与法国的视听政策保持一致。美国认为这一指令的一些规定可能因为欧盟成员国的适用导致违反 GATT,因此美国要求与欧盟的几个主要国家在 GATT 1947 就指令进行磋商。作为美国的国内措施,美国贸易代表把欧盟列入"301 条款"优先观察名单之中。欧盟认为《指令》不在 GATT 1947 范围之内。美国与欧盟之间的问题并未解决,后来在乌拉圭回合磋商中,这一问题被纳入了关于服务的磋商之中。

从以上的分析可以看出 GATT 第 4 条的精确解释仍然不清晰。但是在 WTO 框架中或在国际条约中甚至是国内法的环境下这类不确定性是非常普遍的。这就是为什么需要争端解决机构来澄清 WTO 中有些规定的原因。GATT 第 4 条面临一个更为重要的问题,也就是在 GATS 下没有与之平衡的相应条款,可能会出现这样一种情况,因此如果某一成员根据 GATT 1994 第 4 条"有关影片的特殊规定"对影片作出配额的限制,那么就会与 GATS 第 16 条市场准入的承诺相冲突。从另一个角度来讲,如果一个成员已经作出特别承诺,就视听产品服务提供市场准入,并且对限额没有作出限制,这可以理解为

---

① GATT, Application of GATT to International Trade in Television Programmes: Report of the Working Party, L/1741 (13 March 1962), para. 6, para. 10.

② Jon Filipek, Culture Quotas—The Trade Controversy over the European Community's Broadcasting Directive, 28 *Stan. J. Int'l L.* 323, pp. 340~343.

③ 张宝华:《欧洲一体化与欧盟的经济社会政策》,商务印书馆 2001 年版,第 206 页。

④ Television Without Frontiers Directive, art. 4, 5.

这一缔约方已经放弃所有的 GATT 第 4 条所允许的例外。

在现有的 WTO 体制框架下,如果要把 GATT 1994 第 4 条取消的话,在 GATT 1994 项下对电影的保护只能适用第 20 条一般例外的规定。笔者认为基于各方对第 4 条的信赖,要想取消第 4 条将会困难重重。如果保留了第 4 条,就需要对 GATS 第 16 条作出一些变更。可以从以下两点进行考虑,首先就是要消除 GATT 1994 第 4 条的不确定性,必须明确肯定这一条与 GATS 第 16 条不存在冲突;其次,可以在 GATS 框架下允许存在配额的例外,允许缔约方在电视、广播内容方面对本土内容的限额作出规定。①

第三节 文化产品例外——一般例外

一、一般例外条款

在 GATT 这个"例外的迷宫"里,第 20 条的"一般例外"条款很引人注目。② GATT 1994 中与文化产品相关一般例外条款是第 20 条的"一般例外",在 GATS 第 14 条规定的"一般例外"。

GATT 1994 第 20 条的主要内容是对现存的大量双边通商条约形成的习惯规则的一种表述,这也当然会适当地增加或修改。就其前言所述"在条件相同各国间不会构成任意的或无端的歧视手段,或者不会形成伪装起来的对国际贸易的限制"在内,几乎是原文照抄自国际联盟时期 1927 年签订的一个公约的有关条文。从渊源上来讲,这些条款主要产生于 19 世纪欧洲各国关于海关卫生检疫的标准,由各国自行确定的传统和各国对本国的天然资源保护的要求。这一规定类似于国际私法中的"公共秩序保留",也就是说,GATT 规定的一切规则,凡是与第 20 条所列的这 10 项相抵触者,一律让路。③

GATT 1994 第 20 条与 GATS 第 14 条在结构上基本相同,都包含了"前言"和"子项"。这两条的前言在内容上基本相同,"在此类措施的实施不在情形类似的国家之间构成任意或不合理歧视的手段或构成对服务贸易或国际贸易的变相限制的前提下,本协定的任何规定不得解释为阻止任何成员采取或实施以下措施:……"④这两个协定的"一般例外"的子项在数量上不同,GATT 1994 在前言之后含有 10 个子项,而 GATS 在前言之后仅包括 5 个子项。就文化产品贸易而言,主要涉及的是 GATT 1994 第 20(a)条"为保护公共道德所必需的措施"和 GATS 第 14(a)条"为保护公共道德或维护公共秩序所必需的措施",这一"公共道德例外"在专家小组和上诉机构的报告中多次被提到⑤。"公共

---

① 张华:《论世贸组织视听产品规则的局限性及克服》,载《河南社会科学》2009 年第 1 期。
② 曾令良、陈卫东:《论 WTO 一般例外条款(GATT 第 20 条)与我国应有的对策》,载《法学论坛》2001 年第 4 期。
③ 赵维田:《世贸组织(WTO)的法律制度》,吉林人民出版社 2002 年版,第 327 页。
④ 参见 GATT 1994 第 20 条,GATS 第 14 条规定。
⑤ 参见本书第二章文化产品贸易的国际法规制。

道德"的内容二者是相同的,但 GATS 对于比 GATT 1994 多出了"公共秩序"一词,在 GATS 注释 5 中作出了这样的补充解释,"只有在社会的某一根本利益受到真正的和足够严重的威胁时,方可援引公共秩序例外"①。从这一注释可以看出"公共秩序"例外所要求的条件要严于"公共道德"例外所要求的条件。"将公共道德例外条款加入国际贸易协定已成为一种标志性做法,有近百条贸易协议包含了该条款。公共道德例外条款也已经成为双边自由贸易协定的一项准则。事实上,这些条约的谈判国大都选择起草相同的内容或者直接将 GATT 1994 的例外条款纳入条约。许多国家声称为了公共道德而制定了贸易限制措施,使该条款在实践中得到了广泛的应用"②。

除了这一区别之外,GATT 1994 第 20(f)"为保护具有艺术、历史或考古价值的国宝所采取的措施"③这一规定在 GATS 中没有对应的规定。与前述"公共道德"例外不一样,根据 GATT 1994 第 20(f)的含义,缔约方出于保护"国宝"的目的可以对某些产品的贸易采取限制措施,但是这一规定是否可成为 GATT 规则中的文化产品贸易例外的依据还存有争议。"比如只有那些陈列于博物馆中的文化实体,才可以作为自由贸易原则的例外"④。这一规定为文化产品的例外提供了一定的灵活性,但是在 GATT 1994 的条文中并未对"国宝"的含义作出解释;另外,从现有的专家小组或上诉机构所作出的报告中,也找不出针对于这一条款的解释说明。要使这一条款适用于普通的文化产品,还存在一些限制。第一,要适用这一规定解决争议,必须确定争议的对象不仅是"宝藏(treasure)",而且还必须是"国家(national)"的。第二,这一例外并没有涉及"文化价值",根据本条款的规定,其仅涵盖了"艺术、历史或考古价值"。从这一点上来看,新出现的这些技术所产生的文化产品就很难去说其具有历史或考古价值,当然在艺术价值这一点上也要有充分的证据去证明。因此这一例外虽表面上看与文化产品相关,但作为文化产品例外的依据的确困难。

二、公共道德的界定

在 GATT 规则制定初期,参与规则制定的国家认识到有必要对威胁到国家公共道德的交易进行相应的限制,若不施加限制则可能对本国的公共道德形成一定程度的损害。美国出于实现在贸易自由与保护公共道德之间的一个基本平衡,提出了制定公共道德例外这一设想。这一设想允许国家以公共道德为理由对贸易进行必要的限制。在此之后的所有草案中都体现了这一"公共道德"例外的规则,虽然 GATT 的起草者认识到了这一问题的重要性,但是在草案中并未对这一公共道德例外的准确含义进行界定——因为没有

---

① 参见 GATS 注释 5。
② 李先波、徐莉:《GATT"公共道德例外条款"探析》,载《湖南师范大学社会科学学报》2010 年第 1 期。
③ GATT 1994 第 20(f)。
④ Frederick Scott Galt, The Life, Death and Rebirth of the "Culture Exception" in the Multilateral Trading System: An Evolutionary Analysis of Culture Protection and Intervention in the Face of American Pop Culture's Hegemony. *Wash. U. Global Stud. L. Rev.* 909, at 913.

达成一致意见,也没有注意到对"公共道德"作进一步阐释的必要性。GATT 最后的条款与草案就"公共道德"例外的规定相同。①

美国的观点认为,GATT 第 20(a)条代表了在 WTO 框架下对视听部分的特殊文化性质进行考虑的一种方式;②按照其所主张的特殊文化性质这一观点,GATS 第 14(a)条同样也可以适用于视听服务部分③。

由于 GATT 1994 第 20(a)条和 GATS 第 14(a)条都没有对"公共道德"进行解释,所以就分析与文化产品贸易有关的这一例外而言,非常有必要对"公共道德"准确含义加以界定。因此采用什么样的解释方法将直接影响到"公共道德"含义的确定。关于"公共道德"的含义的界定存在着两种不同观点,第一种是自然法式的主张,认为"公共道德"是"一个无须证明的概念,其存在于规范世界的一角,只是在等待有权机关去发现其存在";④第二种是实证法式的主张,认为"公共道德"是"一个有待确定的问题,只有在特定的情境中才能最终确定其含义"⑤。

三、公共道德的解释方法

在多边贸易体制下,WTO 的争端解决机制是国际贸易体制从权利取向转到规则取向的一个重要步骤,也是解决缔约方之间争端和确保 WTO 各协议有效实施的最有力的法律手段。《关于争端解决规则与程序的谅解》第 3.2 中涉及了法律适用解释的问题,在《谅解》中指出,对现有规定需要依照解释国际公法的惯例进行澄清,但进行澄清时强调了"DSB 的建议和裁决不能增加或减少适用协定所规定的权利和义务"⑥。在这一体制内,DSB 可以采纳上诉机构的观点。⑦ 因此,针对于 WTO 中所有问题的研究,包括对术语的

---

① 李先波、徐莉:《GATT"公共道德例外条款"探析》,载《湖南师范大学社会科学学报》2010 年第 1 期。

② Council for Trade in Services, WTO, Communication from the United States—Audiovisual and Related Services, para. 8, S/CSS/W/21 (Dec. 18, 2000).

③ Council for Trade in Services, WTO, Communication from the United States—Audiovisual and Related Services, para. 8, S/CSS/W/21 (Dec. 18, 2000), para. 8.

④ Miguel A. Gonzalez. Trade and Morality: Preserving "Public Morals" Without Sacrificing the Global Economy, *Vanderbilt Journal of Transnational Law*, 2006, (3) p.939.

⑤ 刘瑛:《论 GATT 公共道德例外的适用——美诉"中国影响出版和视听产品贸易案"评介及启示》,《广东行政学院学报》2010 年第 4 期。

⑥ See DSU3.2. "WTO 争端解决体制在为多边贸易体制提供可靠性和可预测性方面是一个重要因素。各成员认识到该体制适于保护各成员在适用协定项下的权利和义务,及依照解释国际公法的惯例澄清这些协定的现有规定。DSB 的建议和裁决不能增加或减少适用协定所规定的权利和义务"。

⑦ See Generally Debra P. Steger, Improvements and Reforms of the WTO Appellate Body, in The WTO Dispute Settlement System: 1999—2003, Federico Ortino & Ernst-Ulrich Petersmann eds., 2004, p.41.

解释,主要还是依赖于上诉机构的裁决或审查。①

虽然争端解决机构没有明确指明什么是"解释国际公法的惯例",但是专家组和上诉机构就曾经用《维也纳条约法公约》中的方法对 GATT 的条款作出解释,主要就是运用《维也纳条约法公约》第 31、32 条的规定。② 根据该《公约》第 31 条就条约解释规则作出了说明,一般情形下条约在考虑了上下文以及参照条约的目的和宗旨善意地进行解释③。第 32 条指出,当根据第 31 条所得到的意义不明或难解,或所获结果显属荒谬或不合理时,为确定其意义起见,得使用解释之补充资料,包括条约之准备工作及缔约之情况在内。

根据《条约法公约》第 31 条的解释,无论是 GATT 1994 还是 GATS,在协定的文本中并没有对何为"公共道德"作出解释。是否可以根据第 31 条所述的上下文来确定"公共道德"的含义呢? GATT 1994 第 20 条以及 GATS 第 14 条的各项例外之间是种什么样的关系? 从这两个条款下面的"子项"可以看出,这些"子项"都指向了国内事项,据此可以认为"公共道德"指的也是国内的公共道德。但仍无法确定"公共道德"的内容是否包括那些为国际社会所接受的公共道德,或者仅指那些为某一成员所独有,而其他成员并不承认的公共道德。依据第 31 条中所说的"从条约的目的和宗旨"能否确定"公共道德"的含义呢? 从 WTO 规则的原则来看,一般例外条款允许各缔约方出于执行国内政策考虑,背离该成员在 WTO 中的义务。但是 WTO 框架下的诸协定是各缔约方斗争妥协的结果,若从国内法的角度允许成员任意确定"公共道德"的内容,缔约方可能以此为借口回避其所承担的国际义务。所以根据《维也纳条约法公约》第 31 和 32 条的规定对公共道德进行解释就难以在这两种利益之间进行平衡。④

四、美国赌博案中的公共道德

美国以"严重威胁到公共秩序的维持以及公共道德的保护"为由禁止安提瓜在线提供远程赌博和博彩服务。安提瓜不服,于 2003 年将该争端提交到 WTO⑤。这是 WTO 争端解决机构审理的第一个涉及 GATS 第 14 条的案例,同时也是第一次处理与"公共道德"例外相关的案例,因此专家小组和上诉机构在其报告中对这一问题的解释或澄清具有重要的法律意义。

在专家小组的报告中,专家小组在第 14 条的环境下对公共道德和公共秩序这些术语

---

① Daisuke Beppu, When Cultural Value Justifies Protectionism: Interpreting The Language of the GATT to Find A Limited Cultural Exception to the National Treatment Principle, *Cardozo Law Review*, March 2008, p. 1773.

② Ian Johnstone, Treaty Interpretation: The Authority of Interpretive Communities, 12 Mich. J. Int'l L. 371 (1991).

③ 参见《维也纳条约法公约》第 31 条。"条约应依其用语按其上下文并参照条约之目的及宗旨所具有之通常意义,善意解释之。"

④ 彭岳:《贸易与道德:中美文化产品争端的法律分析》,载《中国社会科学》2009 年第 2 期。

⑤ Panel Report, United States—Measures Affecting the Cross Border Supply of Gambling and Betting Services, WT/DS285/R (Nov. 10, 2004).

进行解释,这可能是非常敏感的。按专家小组的观点,对于缔约方而言,这些概念的内容可能在不同的时间和不同的空间都会发生变化,这取决于这些因素,包括主要的社会、文化、伦理以及宗教价值。缔约方在本国管辖的范围内,有权根据自己的价值体系和价值天平,去界定和适用公共道德和公共秩序的观念。[①]

2004年11月10日,美国赌博案的专家小组第一次把公共道德界定为"公共道德是指国家或社会维持的正确和错误的一种行为标准或者是代表国家或社会利益的一种行为标准"[②]。另外对公共秩序也给出了如下的解释,"公共秩序是指反映在公共政策或法律之中社会基本利益的保护,这些基本利益与法律、安全、道德等标准相关"[③]。

从专家小组的报告中可以看出,成员方可以根据其自身体系和价值标准不同,自主地去确定其领土内的"公共道德"和"公共秩序"的概念,因此专家小组对美国国会基于对洗钱、有组织犯罪、欺诈、未成年人赌博等方面的考虑而制定的这些法令的立法意图声明进行了分析,从这些声明中可以看出,制定这些法令的意图在于保护GATS第14(a)中所规定的"公共道德"或"公共秩序"[④]。从这一解释中可以看出,专家小组仍然是根据《维也纳条约法公约》第31条来对这些术语作出解释。

允许WTO的缔约方自行确定"公共道德"将会带来不确定性的因素,除此之外,缔约方会滥用这一例外,以保护"公共道德"为借口制定限制贸易的规定。

五、公共道德的限制

美国赌博案中,专家小组和上诉机构指出,若要成功地援引GATS第14条(a)中的"为保护公共道德或维持公共秩序所必须"为违反GATS实体义务的措施免责,必须符合例外条款适用的必要性原则。这一要求在GATT 1994第20(a)和GATS第14(a)中都有明确的要求。

以GATT 1994第20条(a)为例,其核心问题是,被质疑的措施本身对于保护公共道德是否必要,而不是所采取的措施中歧视对于保护公共道德是否必要。[⑤] 由于使用"必要"这一术语出现在了第20条中的多款规定之中,因此根据第20条(a)对这一措施进行评估,看其是否对保护公共道德有"必要",这一评估就有可能包含对一系列因素进行权衡

---

① Panel Report, United States—Measures Affecting the Cross Border Supply of Gambling and Betting Services, para 6.461 WT/DS285/R (Nov. 10, 2004).

② Panel Report, United States—Measures Affecting the Cross Border Supply of Gambling and Betting Services, para 6.461 WT/DS285/R (Nov. 10, 2004), para 6.465.

③ Panel Report, United States—Measures Affecting the Cross Border Supply of Gambling and Betting Services, para 6.461 WT/DS285/R (Nov. 10, 2004), para 6.467.

④ 黄志雄:《WTO自由贸易与公共道德第一案——安提瓜诉美国网络赌博服务争端评析》,载《法学评论》2006年第2期。

⑤ Appellate Body Report, United States—Standards for Reformulated and Conventional Gasoline, para16, WT/DS2/AB/R(circulated 10 November 2004).

的过程。① 对于存在争议的措施所采取的备选方案是否可以合理采用,这一判断的结果将取决于下列因素的考虑,即这一措施对贸易的影响,这一措施对于所保护的利益的重要性,以及这一措施对实现最终追求目标的贡献。② 上诉机构的报告中指出,追求的共同价值或利益越关键或重要,就越容易满足必要性这一因素。③ 根据第 20 条(a)来证明文化政策措施的正当性,这就要取决于专家小组或上诉机构对文化价值的重要性的判断,看这一措施是否"必要"。

美国赌博案中,专家小组在解释"所必需的"(necessary)时,采用了一种以贸易自由化为考查起点的"反推方法",即只有当"不存在与 WTO 义务相一致或违反程度更低的替代措施"时,美国的有关措施才能符合"所必需的"要求。这一严格的解释导致美国的相关措施未能通过"必要性审查"④。但专家小组这一要件过于严格的解释被上诉机构推翻。WTO 成立以来的多个案例的上诉机构报告均表明,对一般例外条款中"所必需的"要求标准已经放宽。

上诉机构在考虑是否存在与 WTO 协定相符的可替代措施时强调了"合理可用"这一因素,如果可替代措施仅存在于理论之中,或是这种替代措施给相关的缔约方造成了不合理的负担,例如这种替代措施成本高得离谱或在技术上存在实现的困难,这样的话这一替代措施并不是"合理可用"的。换句话来讲,"合理可用"的替代措施能够让缔约方对于 GATS 第 14(a)中的目标实现其所希望保护的水平。在此案中,专家小组没有把分析的重点放在该替代措施是否"合理可用"之上;美国与安提瓜就远程赌博服务进行磋商只是一个过程,其结果并不确定,因而难以替代美国所采取的措施,故上诉机构认为美国的措施符合"必需"要件⑤。上诉机构在针对美国所采取的争议措施进行分析时,裁定相关争议措施与 GATS 第 14(a)条相符,而且在大多数事项上也与第 14 条的前言相符。

六、国际人权法对公共道德的影响

从安提瓜诉美国网络赌博服务案中可以看出,GATS 第 14 条(a)为有必要保护公共道德或维护公共秩序而采取的措施提供一个例外,但要受第 14 条"前言"的限制。GATS 的脚注 5 增加了只有在社会的某一根本利益受到真正的和足够严重的威胁时,方可援引公共秩序例外。GATS 并没有对公共道德和公共秩序的含义作出任何的解释,上文中也分析了争端解决机构确定这一含义的解释规则,其主要是根据《维也纳条约法公约》第 31 条第 1 款的解释规则。

---

① Appellate Body Report, Korea-Measures Affecting Imports of Fresh, Chilled and Frozen Beef, para. 166, WT/DS98/AB/R(circulated 14 December 1999).

② Appellate Body Report. Dominican Republic-Measures Affecting the Importation and Internal Sale of Cigarettes, para. 70, WT/DS135/AB/R(circulated 12 March 2001).

③ Appellate Body Report, Korea-Measures Affecting Imports of Fresh, Chilled and Frozen Beef, para. 162, WT/DS98/AB/R(circulated 14 December 1999).

④ 陈卫东:《WTO 例外条款研究》,对外经济贸易大学出版社 2002 年版,第 236 页。

⑤ 彭岳:《贸易与道德:中美文化产品争端的法律分析》,载《中国社会科学》2009 年第 2 期。

联合国人权事务高级委员会已经出版了一个关于人权与服务贸易自由之间关系的报告，作了如下陈述，"对于公共道德、生活和隐私的保护是人权法的主旨，它们在GATS之内可能被当作人权促进和保护的一个联结点，在未来WTO争端解决机构所作出的裁决时，这一联结点可能作为对GATS相关规定进行解释的国际法适当来源"①。

因此，基于人权这一因素对WTO解释产生影响，为GATT第20(a)条和GATS第14(a)条中公共道德的例外提供了一个最为可能的方法。② 然而，高级委员会也承认，如何鉴别包含在公共道德之内的那些人权存在困难。

《世界人权宣言》和《经济、社会、文化权利公约》指出，文化权利代表了社会的根本利益。正如上述两个法律文件中所说明的那样，主权国家实施本土内容这一要求，正是为了保护公共道德或公共秩序，并通过采取相应的措施来实现其文化权利。假设一成员对所有广播站提出一个本土内容的要求，强调外国音乐的广播在播出时间上不能超过50%，如果这一成员对于视听产品服务已经作出国民待遇的承诺，就会被认为这项措施违反了GATS第17条之下的国民待遇义务。但成员可能主张，当根据关于文化，特别是文化权利的国际法律文件进行解释时，这一措施属于GATS第14(a)条的例外。

在决定公共道德和社会根本利益的内容时，上诉机构可能更愿意接受《世界人权宣言》和《经济、社会、文化权利公约》。需要强调，成员方实施本土内容数量限制时需要证明，这一措施对于保护GATS第14(a)条之下的公共道德或公共秩序是必要的，并且与第14条的前言相符合。联合国人权高级委员会主张，虽然人权不应该被用作贸易壁垒的伪装，但是在采取一项限制性质的措施时应该考虑国家在人权法之下的义务。③ 这一义务要求各国采取适当的立法、行政、预算、司法及其他措施，以充分实现文化权利。

总的来说，国际人权法对于理解GATS第14(a)条之下的公共道德和公共秩序的概念提供了一个重要的基础。一方面，关于文化权利的国际法可能也会被用来在文化政策和文化产品之间建立一个联系；另一方面，也会在公共道德和公共秩序之间建立一个联系。这可能会减少对文化政策只代表了保护主义的一些怀疑。然而，在GATS语境下，为它们的文化政策措施寻求额外灵活性的WTO成员可能不愿意依赖于14(a)条中的例外而作出进一步承诺。④

---

① UN Commission on Human Rights, Liberalization of Trade in Services and Human Rights—Report of the High Commissioner, E/CN4/Sub. 2/2002/9, annex 63, 25 June 2002.

② UN. Office of the United Nations High Commissioner for Human Rights, Human Rights and World Trade Agreements: Using General Exception Clauses to Protect Human Rights. HR/PUB/05/5 (2005) 4.9.

③ UN. Commission on Human Rights. Sub-Commission on the Promotion and Protection of Human Rights, Liberalization of Trade in Services and Human Rights: Report of the High Commissioner. E/CN4/Sub. 2/2002/9 (25 June 2002) annex 14, 58.

④ Tania Voon, Cultural Products and the World Trade Organization, Cambridge University Press, 2007, pp. 156～158.

本 章 小 结

　　WTO 就文化产品问题并没有专门的协议加以调整,但是由于文化产品所具有的特殊属性,在一般的贸易过程中有必要加以区别考虑。如何保护其所具有的文化功能,在现有的 WTO 规则中,与文化产品直接相关的条款就是 GATT 第 4 条关于电影放映限额的规定。从第 4 条的规定中可以看出,就电影这一文化产品而言,GATT 1994 允许国民待遇例外,允许各缔约方对于国产电影片的放映实施最低的放映限额,这一例外在第 3 条第 10 款中已被明确承认。但是第 4 条的适用范围在理论上和实践中还有不同的主张,早期美国就主张把电视节目也交由这一条调整,但遭到以法国为首的欧洲国家的阻挠,这一问题还被纳入乌拉圭回合的有关服务的磋商中。需要特别注意的是,GATT 1994 的这一规定,在 GATS 中并无相对应的规则,根据 GATS 第 16 条的规定,在 GATT 1994 框架下是合法的措施,在 GATS 中就有可能违背该条的义务。关于 GATT 1994 第 3.2 条,在"加拿大期刊案"中,就文化产品的同类产品进行了分析,本土的文化产品与进口的国外文化产品是否属于同类产品,如果结论是否定的,在理论上就可以根据这一条的规定对进口的文化产品不适用国民待遇原则。加拿大主张因期刊中的文化内容不同因而应属于不同的产品,可以适用国民待遇原则的例外,但上诉机构推翻了加拿大的主张,并对同类产品的判断标准进行了分析。

　　实践中用得最多的是 WTO 框架下的一般例外,在 GATT 1994 和 GATS 中都有相同的内容,前言基本相同,在具体条款上 GATT 1994 要多一些。最有可能与文化产品有关联的例外就是 GATT 1994 第 20(a) 和 GATS 第 14(a) 中的公共道德例外,而 GATS 又进一步提出了公共秩序这一概念。什么是公共道德,两个文件都没有进行定义,但这一例外在较多的专家小组和上诉机构的报告中都有所涉及,特别是在美国赌博案中,专家小组和上诉机构就事关 GATS 中的第一个案例进行了分析,在分析过程中却借鉴了 GATT 1994 中相关的分析。在专家小组和上诉机构的报告中,对什么是公共道德作出了解释,根据 WTO 的争端解决机制,这一解释是权威的解释。若使这一例外适用于文化产品,就需要满足一些最低的标准,如"必需的"和"非歧视的";"必需的"这一标准出现在每个子项中,而"非歧视"这一标准出现在前言之中。因此就文化产品而言,要想运用这一例外措施,就必须符合这一限制条件。对支持文化产品属于公共道德例外进行分析时,又考虑了一种新的途径,引入了人权公约中的文化权利来支持这一主张。

第六章

文化产品贸易规则的反思与协调

第一节　UNESCO 公约的评价

一、UNESCO 公约取得的成果

UNESCO 公约①在 2005 年第 33 届 UNESCO 大会上通过,并于 2007 年 3 月 18 日生效,这一公约是最新通过的一个与文化措施相关的国际规则,这一公约的内容给人印象深刻。

在一个具有约束力的国际法律文件中明确承认文化产品和服务具有固有的双重属性是 UNESCO 公约的一个主要贡献,此公约在关于文化价值的国际公法领域填补了一项空白。② 公约在序言中指出文化产品和服务具有经济和文化的双重属性,不应该被视为一般的商品或消费品。

与这一承认直接相关的以及源自于这一承认的是对缔约方主权的确认,公约在第 6 条中规定国家有权利制定、实施文化政策,并采取相应的措施以保护和促进文化表现方式的多样性。③

---

① 此处的缩写"UNESCO 公约",包括本节中的"公约",若没有特别说明,均指的是联合国教科文组织的《保护和促进文化表现形式多样性公约》。

② See e.g. Christoph Beat Graber "The New UNESCO Convention on Cultural Diversity: A Counterbalance to the WTO" (2006) 9 *JIEL* 553. at 564~565.

③ Article 6 of the UNESCO Convention. 一、各缔约方可在第四条第(六)项所定义的文化政策和措施范围内,根据自身的特殊情况和需求,在其境内采取措施保护和促进文化表现形式的多样性。二、这类措施可包括:(一)为了保护和促进文化表现形式的多样性所采取的管理性措施;(二)以适当方式在本国境内为创作、生产、传播和享有本国的文化活动、产品与服务提供机会的有关措施,包括其语言使用方面的规定;(三)为国内独立的文化产业和非正规产业部门活动能有效获取生产、传播和销售文化活动、产品与服务的手段采取的措施;(四)提供公共财政资助的措施;(五)鼓励非营利组织以及公共和私人机构、艺术家及其他文化专业人员发展和促进思想、文化表现形式、文化活动、产品与服务的自由交流和流通,以及在这些活动中激励创新精神和积极进取精神的措施;(六)建立并适当支持公共机构的措施;(七)培育并支持参与文化表现形式创作活动的艺术家和其他人员的措施;(八)旨在加强媒体多样性的措施,包括运用公共广播服务。

公约第 20 条就本公约与其他条约之间的关系作出了规定,明确了条约之间应互不隶属和相互支持。①

二、UNESCO 的不足

作为一个国际法律文件,UNESCO 公约包括一些对缔约方具有不同程度的约束力的权利和义务。② UNESCO 公约所规定的义务较少,并且这些规定的义务主要作为激励缔约方在国际和国内层面保护和促进文化表现方式的多样性,而不是作为一个一般性的义务。③ 唯一具有约束性的条款与 WTO 的授权条款相类似,并且这一条款与发展中国家的优惠待遇相关④。

此外,对违反条约规定没有惩罚措施。根据 UNESCO 公约有关信息共享和透明度的要求⑤,若成员方未能履行载于第 7～19 条中的善意的义务,最坏的情况就是可能导致这一成员在四年一度的政府间的委员会或缔约方大会上受批评。⑥ 此外,虽然这种报告的做法已经证明了在不同环境下所具有的优势,但此报告可能不会具有任何价值,因为正如下文所说明的,其既不存在任何的执行标准,也不存在任何惩罚的威胁。⑦

尽管对缔约方采取行动以保护和促进文化多样性只规定了极少的有限的义务,但公约制定了一个广泛的权利阻止实现这一目标。UNESCO 公约第 6(2)条规定了一个缔约方可以采纳的措施的非穷尽列表,这一列表描述了缔约方可以采用的基本上已知的各种各样确定的文化政策措施,这些措施包括了"从为了保护和促进文化表现形式的多样性所采取的管理性措施"到"旨在加强媒体多样性的措施,包括运用公共广播服务"。⑧ 这一无所不包的方法预示着公约的目标是赞成市场干预的形式,而不是排除它们,因此,它不必

---

① Article 20 of the UNESCO Convention. 一、缔约方承认,它们应善意履行其在本公约及其为缔约方的其他所有条约中的义务。因此,在本公约不隶属于其他条约的情况下,(一)缔约方应促使本公约与其为缔约方的其他条约相互支持;(二)缔约方解释和实施其为缔约方的其他条约或承担其他国际义务时应考虑到本公约的相关规定。二、本公约的任何规定不得解释为变更缔约方在其为缔约方的其他条约中的权利和义务。

② Articles 5～19 of the UNESCO Convention.

③ Articles 7～11 of the UNESCO Convention.

④ Article 16 of the UNESCO Convention. "发达国家应通过适当的机构和法律框架,为发展中国家的艺术家和其他文化专业人员及从业人员,以及那里的文化产品和文化服务提供优惠待遇,促进与这些国家的文化交流。"

⑤ Article 9(a) of the UNESCO Convention. "缔约方应在向联合国教科文组织四年一度的报告中,提供其在本国境内和国际层面为保护和促进文化表现形式多样性所采取的措施的适当信息。"

⑥ Rachael Craufurd Smith, The UNESCO Convention on the Protection and Promotion of Cultural Expressions: Building a New World Information and Communication Order? *International Journal of Communication*, 2007, p. 39.

⑦ Rachael Craufurd Smith, The UNESCO Convention on the Protection and Promotion of Cultural Expressions: Building a New World Information and Communication Order? *International Journal of Communication*, 2007, pp. 37～38.

⑧ Article 6(2)(a)～(h) of the UNESCO Convention.

与当前寻求最少干预的调整理论相符合。

从实践中可以看出,非穷尽列表的模式在政府间条约立法时并不少见。通过一个有建设性的模糊规定,把一系列的利益或分歧和实际所达成的妥协汇集起来,这也是允许的。但是,UNESCO公约在这一方面却十分独特,因为这一公约完全缺乏可以让这些经妥协所达成的定义变成可执行的标准和机制,以使合法的文化政策措施从非法的文化政策措施中区别出来。

UNESCO公约的标准不完备,这一缺陷被包括美国在内的参与磋商的国家所批评,包括那些对贸易保护主义者提出警告的学者也提出了批评。UNESCO公约明确承认文化产品和服务的双重属性并颂扬其文化属性的这一面的同时,并没打算就如何减少文化政策措施可能产生的贸易扭曲的效果为缔约方提供指引。在货物、服务以及行为的文化属性和经济属性之间寻找一个平衡点无疑是相当困难的,即使在单纯的国内环境之下也并不容易做到。所以,UNESCO公约引用了相称性或有效性这样的原则以防止出现明显的贸易保护主义。①

UNESCO公约的框架结构对于确保保护和促进文化表现方式的多样性并不是十分全面,其缺失了一些关键的因素。这些关键因素缺失的原因部分与UNESCO公约所固有的国家主权原则相关。在UNESCO公约第2条的8项指导原则中,就包含了在文化领域缔约方的国家主权原则"根据《联合国宪章》和国际法原则,各国有在其境内采取保护和促进文化表现形式多样性措施和政策的主权"。② 从国际条约的角度来看,这一点是可以理解的,但是文化权利与国家边界无关。③ 承认人权及基本自由可能在很大程度上弥补这一不足,但是虽然如此但情况可能还是令人失望的,国家必须尊重的特定的文化权利在最终的文本之中并没有体现。例如受教育的机会或使用所选择的语言等这些权利,UNESCO公约生效之前的UNESCO宣言是承认的。④ 此外,虽然UNESCO公约确实提到过几次原住民和传统文化表现方式,⑤但公约的相关规定在本质上仍然是属于宣言性质上的,相关规定未能涉及原住民自身的权利,其所关注的是受影响区域的那些国家的权利。

有评论者认为,UNESCO公约能作为一个政治宣言,因为其基本没有法律上的内容,与UNESCO公约生效之前的其他文件相比,很难说其是在关于文化多样性国际宣言上

---

① Rachael Craufurd Smith, The UNESCO Convention on the Protection and Promotion of Cultural Expressions: Building a New World Information and Communication Order? *International Journal of Communication*, 2007, p.41.

② Article 2.8 of the UNESCO Convention.

③ Article 27 CCPR and Article15(1)(c) CESCR.

④ Michael Hahn, A Clash of Cultures? The UNESCO Diversity Convention and International Trade Law, (2006) 9 *JIEL* 515, at 28 and 37.

⑤ 参见《保护和促进文化表现形式多样性公约》序言,第2(3)和第7(1)(a)条。

的一个进步。① 或者也可以简单地理解为,那些能够使 UNESCO 公约得以通过的原因耗尽了公约自身所具有的有价值的内容。一方面,这表明当涉及文化多样性时所引起的问题的复杂性;另一方面,在一定的政治背景下,制定一个关于保护和促进文化表现形式多样性这样的一个具有法律约束力的国际法律文件时,所出现的缔约方完全不同的目的和动机。②

UNESCO 公约早已生效,批准的国家数量也越来越多,在公约的适用过程中,需要关注的就是公约的这些不足如何去弥补,特别是这一公约可能会阻碍思想的自由交流,当然也会影响到其他领域,包括贸易问题在内③,这就涉及了 UNESCO 公约如何处理与 WTO 的关系。

第二节　UNESCO 公约与 WTO 的冲突

一、冲突的认定

关于条约冲突的含义,在两个与条约有紧密关系的《维也纳条约法公约》和《关于国家与国际组织间或国际组织相互间条约法的维也纳公约》之中并无界定。实践中对条约冲突的界定都是由各国的国际法学者进行的一种总结,这些不同的观点大致可以概括为两种主张。第一种观点是把条约冲突严格限定在条约义务的冲突,也就是"狭义"上的条约冲突,比如詹克斯在《造法性条约冲突》一文中所指出的,"当两个条约的同一缔约国无法同时履行这两个条约规定的义务时,即存在严格意义上的冲突"④。第二种观点是采用的较为宽泛的界定标准,主张条约之冲突并非局限于义务的冲突。鲍威林在其《国际公法规则之冲突》一书中认为"应该从更为宽泛的意义上去理解条约冲突,反对将条约冲突仅仅理解为互相排斥的条约义务"⑤。从分析条约冲突的角度而言,如果仅仅从狭义的角度来理解条约冲突,即认为条约冲突仅仅限定在条约义务的冲突,将会导致把许多冲突都排除

---

① Rachael Craufurd Smith, The UNESCO Convention on the Protection and Promotion of Cultural Expressions—Building a New World Information and Communication Order? *International Journal of Communication*, 2007, pp. 53~54.

② Rachael Craufurd Smith, The UNESCO Convention on the Protection and Promotion of Cultural Expressions: Building a New World Information and Communication Order? *International Journal of Communication*, 2007, pp. 30~32.

③ UNESCO, Records of the General Conference, 33rd Session, 3~21 October 2005, Vol. 1, p. 221.

④ R. Berndardt ed., Encyclopedia of Public International law, Vol. 7, *Amsterdam, North-Holland*, 1984, p. 4688. 转引自廖诗评:《条约冲突基础问题研究》,法律出版社 2008 年版,第 8 页。

⑤ [比]约斯特·鲍威林:《国际公法规则之冲突:WTO 法与其他国际法规则如何联系》,周忠海等译,法律出版社 2005 年版,第 198~199 页。

在条约冲突之外。其直接后果将会影响到对条约冲突解决方法的深入探究。①

UNESCO公约明确的目标之一是强调了它与WTO的相关性。在WTO体系中,还无法解决"贸易和文化"的争论,文化多样性这一概念不仅包括鼓励文化表现形式的自由转换,还包括各国为了保护国家文化表达不被激烈的竞争挤出市场而限制文字、声音和图像的自由流动。承认文化活动、产品与服务具有传递文化特征、价值观和意义的特殊性。为追求这一目标,UNESCO公约具有一个相当广泛的适用范围。② 一些WTO成员已经表示关注这些笼统的定义,这一定义可能扩展到几乎无限制的产品范围。由于其适用范围极为广泛,UNESCO公约因此与WTO协定的诸多领域产生了冲突。

二、国民待遇冲突

UNESCO公约第2条中规定的一些指导性原则。这些原则后面都附有为各成员国规定权利和义务的一系列规定。缔约国享有哪些权利,UNESCO公约第6条中可以找到允许缔约国可以为保护文化而采取的七项措施,在最后一项措施中UNESCO公约还规定了一个具体的例子"运用公共广播服务"。③ 这些措施可能会与WTO下的国民待遇义务不相一致,根据GATT 1994第3条国民待遇的要求,缔约方对于其他缔约方的产品应当给予其不低于本国同类产品的待遇;对于UNESCO公约中所涉及的文化服务措施,GATS第17条中的国民待遇也会遇到同样问题,如果缔约方在其承诺表中列出的部门作出了国民待遇的承诺,就要求缔约方在其承诺的范围内承担国民待遇义务。假如一缔约方根据UNESCO第6条的规定行使了其中的一项权利,例如仅对国内的产品和服务提供财政资助措施,这样的话就可能导致该缔约方违背WTO项下承担的义务。

另一个可能违反国民待遇的权利是在第8条,这一条可以描述为文化保障。这一条授权缔约方在紧急的情况下可以采取一切恰当的措施保护面临消亡危险的文化④。在实践中,缔约方出于保护文化的原因,以对外国的文化产品征收国内税费的方式限制其进口;这一措施同样会违反GATT 1994或GATS中的国民待遇条款。以"加拿大期刊案"为例,此案中专家组拒绝把文化产品的内容或文化产品的来源作为判断是否是"相同产品"的因素。因此,若对外国的文化产品采取国内税费的这种措施,在裁定中很容易被判定违反国民待遇原则。通过配额的方式对外国的文化产品进行限制,这一措施又会与GATT 1994第11条一般禁止数量限制原则的规定相冲突⑤。

---

① 廖诗评:《条约冲突基础问题研究》,法律出版社2008年版,第13页。
② Preamble and Article 1(g), 3, 4.3, 4.2 of the UNESCO Convention.
③ Article 6 of the UNESCO Convention.
④ Article 8 of the UNESCO Convention.
⑤ 艾素君:《国际法框架下文化与贸易的冲突与调和》,载《上海大学学报(社会科学版)》2008年第5期。

三、最惠国待遇冲突

与 WTO 协定之下关于最惠国待遇义务存在的一个可能冲突来自于诸如 UNESCO 公约第 12 条的规定,这一条要求缔约方应"促进国际合作",根据这一条的规定,其鼓励缔结共同生产和共同销售的协定①;同样在 UNESCO 公约第 16 条中对发展中国家的优惠待遇也作了具体规定,要求发达国家向发展中国家提供优惠的待遇以促进文化的交流②。假若缔约方根据第 12 条的规定通过国际合作的方式签订了共同生产或共同销售协定,这一做法将有可能与 GATT 1994 中的最惠国待遇相冲突;另一方面,假若缔约方根据 UNESCO 公约第 16 条的规定,采取了鼓励 WTO 成员方采取这些措施,则将出现这些措施与 WTO 之内的最惠国待遇原则不相一致的情况,因为在 WTO 体制下,对给予发展中国家特殊和差别待遇没有被任何规定所豁免。

第三节　UNESCO 公约与 WTO 的协调途径

从目前解决国际法规范的冲突的实践来看,有几种常见的协调方法:第一种是事前协调;第二种是否定冲突的推定;第三种是条约解释③;第四种是冲突条款方法④。

事前协调的目的在于防止冲突。UNESCO 早已承认,其管辖的某些领域与 WTO 的规定有重合之处。大部分的 WTO 成员同时也是 UNESCO 的缔约国或联系会员,因此 WTO 成员方对 UNESCO 公约特别感兴趣,并且 UNESCO 公约的起草者对 WTO 对其工作的观察也感兴趣。UNESCO 的总干事寻求来自于 WTO 秘书处对于 UNESCO 公约的反馈,WTO 的总干事也把这一要求通过相关的机构提交给 WTO 成员。一般而言,WTO 成员认为 UNESCO 公约和 WTO 应该相互支持。然而,由于在 WTO 磋商过程中,成员方就关于贸易与文化之间关系,以及把 WTO 规则适用于与 UNESCO 公约相关的文化产品这些问题上已经表达了不同的主张。"鉴于各方的立场难以协调,再加上文化和贸易间的关系复杂而敏感,事前的协调难以取得明显成效。而否定冲突的推定在解决冲突方面所能发挥的作用具有局限性,因而对 UNESCO 公约与 WTO 的协调就要从条约解释的角度进行探讨"⑤。

---

① Article 12 of the UNESCO Convention.
② Article 16 of the UNESCO Convention.
③ [比]约斯特·鲍威林:《国际公法规则之冲突:WTO 法与其他国际法规则如何联系》,周忠海等译,法律出版社 2005 年版,第 273~312 页。
④ 廖诗评:《条约冲突基础问题研究》,法律出版社 2008 年版,第 48 页。
⑤ 艾素君:《国际法框架下文化与贸易的冲突与调和》,载《上海大学学报(社会科学版)》2008 年第 5 期。

一、条约解释途径

(一)关于争端解决规则与程序的谅解第3.2条之规定

关于争端解决规则与程序的谅解第3.2条主要阐明了WTO争端解决机制的目标,以及解释WTO规则的正确方式,其主要内容如下:"WTO争端解决体制的设立主要是为多边贸易体制提供可靠性和可预测性。各成员方应当认识到该体制适用于保护各成员在适用协定项下的各项权利和义务,可依照国际公法惯例来解释这些协定的现有规定。争端解决机构的建议和裁决不能增加或减少适用协定所规定的权利和义务。"

在WTO争端中,为使其规则的适用不违背国际法的相关原则,第3.2条设置了两个关键要素。第一,国际公法在解释WTO协定时应起到国际习惯法的作用。根据上述原则,《反倾销协定》指出,"专家组应依照关于解释国际公法的习惯规则,解释本协定的有关规定"①。第二,如果导致增加或减少协定项下规定的权利和义务,国际公法不能被用来代替或补充WTO协定。上诉机构在其报告中也已指出,"很难想象出,这种情形很难想象出,如果专家小组的裁定反映了所涉及协定的正确解释和适用,专家小组可能会增加WTO成员的权利和义务"②。因此有人认为当以其他规则主张权利时,3.2条的最后一句就限制了在WTO争端解决内非WTO规则的适用。基于此,有必要对条约第3.2条中的国际公法惯例的解释规则进行有效的界定。

(二)维也纳条约法公约第31条

在1996年,上诉机构遇到了适用VCLT来解释规则的第一个案例,上诉机构把VCLT的第31(1)条识别为条约解释的基本规则,视其为已经成为习惯法的规则或一般国际法的规则,因此第31(1)条就成为了根据DSU第3.2条对解释WTO协定进行解释的规则。在此之后的几个上诉机构的报告中也都确认了VCLT第31(1)可以作为解释规则,因此我们可以从WTO判例法中看出,在根据DSU第3.2条的含义解释时,VCLT公约第31和32条中的原则可以作为国际公法惯例。③ 在DSB所采纳的上诉机构报告的陈述中,各成员方(包括美国)已经普遍支持了上诉机构对于DSU第3.2条的解读,通过上诉机构的上述行为,VCLT中的某些解释规则已经可以作为WTO法律体系中的规则适用。正如有学者所指出的那样,美国和其他一些WTO成员虽然不是VCLT的缔约方,

---

① 关于实施1994年《关税与贸易总协定》第6条的协定,第17.6条。
② Appellate Body Report. Chile-Taxes on Alcoholic Beverages, WT/DS87/AB/R(circulated 13 December, 1999), para. 79.
③ Appellate Body Report, United States-Countervailing Duties on Certain Corrosion-Resistant Carbon Steel Flat Products from Germany, WT/DS213/AB/R and Corr. 1 (circulated 28 November 2002), para. 61.

但这些并不重要,因为这些规则已形成国际习惯法的一部分。①

基于 VCLT 第 31(1)条的原理,上诉机构在之前的报告中就经常根据协议的上下文、目标和目的等方面的解释考虑来补充其文本漏洞。有学者曾经把这一现象描述成为原文困惑②。要解决此种困惑,其首要方法在于,如果这一处的解释没有根植于文本,则通过鼓励一个 WTO 规则对其进行特殊解释,各成员方将很难在不考虑国际法的含义以及它们文化目标的合法性下,证明它们的文化政策措施的正当性。所以,从一开始,上诉机构就确认 GATT 1994 不能被以与国际公法相疏离的方式加以解读。此外,从最近的实践来看,上诉机构看起来试图想把自己从严格的文本解释中解放出来。尽管要完全从文本解释中脱离出来有些困难,但为了提高国际公法的适用机会,并以此来影响文化产品贸易的 WTO 规则的解释,此种途径仍值得尝试。③

(三)UNESCO 公约与 WTO 的协调

UNESCO 公约第 25 条可以认为是包含了一个较为特殊的争端解决机制。UNESCO 公约第 25 条第 1 款要求就公约解释或公约实施所产生的争端应当通过谈判的方式加以解决;接下来进一步规定,在通过谈判不能够解决争端的情况下,可以要求第三方的调停或斡旋;最后在以上方法都未能解决时,可以考虑调解委员会所提供的解决争端的建议④。最终的选择是:当两个国家同时是 WTO 与 UNESCO 公约的缔约国时,若两国因文化贸易措施问题发生了争端,其中一方认为另一方的行为违反了 WTO 的规则或者违反了其所作出的承诺,由于 WTO 和 UNESCO 公约都提供了争端解决的机制,就会产生这一争端应将纠纷提交哪一个机构解决的问题。

将在贸易与文化之间所造成的直接冲突提交到 WTO 专家小组的这种情形看起来很难出现,有学者指出,作为既是 WTO 协定的缔约方又是 UNESCO 公约的缔约方的成员,可能更侧重运用对抗性和强制性较小的条约中所规定的争端解决程序来解决它们之间的争端,尽管争端解决谅解备忘录第 23.1 条要求成员方有义务适用 DSU。⑤

能不能把 UNESCO 公约用于支持因为实施与 WTO 义务相违背的文化政策措施作为抗辩的理由? 根据 UNESCO 公约的规定,在与其他公约的关系上,UNESCO 公约的任何规定不得解释为变更缔约方在其为缔约方的其他条约中的权利和义务。这就限制了 UNESCO 公约在 WTO 之内提高或降低文化产品待遇水平的程度。主张 UNESCO 公约

---

① Michael Lennard, Navigating by the Stars: Interpreting the WTO Agreements, *Journal of international Economic Law*, 2002, 5(1), p. 17, pp. 18~19.

② Joseph Weiler, The Rule of Lawyers and the Ethos of Diplomat's: Reflections on the Internal and External Legitimacy of WTO Dispute Settlement, *Journal of World Trade*, 2001, Vol. p. 35, p. 191, p. 206.

③ See Tania Voon, *Cultural Products and the World Trade Organization*, Cambridge University Press, 2007, p. 127.

④ See Article 25.3 of the UNESCO Convention.

⑤ Tania Voon. UNESCO and the WTO: A Clash of Cultures? *International and Comparative Law Quarterly*, 2006, Vol. 55, p. 635.

提供了对违反 WTO 义务的辩护理由的一个成员需要克服两个障碍：第一个障碍就是必须去证明，在解决争端时 WTO 的专家小组和上诉机构有权去适用世界贸易组织之外的国际条约；第二个障碍是，还必须去证明在义务冲突的范围内 UNESCO 公约的授权规定要高于 WTO 的禁止性规定①。

从前文的分析过程中可以看出，WTO 体制下的争端解决机制对各缔约方来说是具有强制性的一种义务，要求各缔约方的行为只要与世界贸易组织的协议相违背，就必须把这一争端提交给 WTO 的争端解决机构来解决。即使出现了一个这样的 WTO 案例，可能专家小组或上诉机构不敢根本地改变 WTO 协定微妙的和谨慎的经过磋商所达成的平衡，②而宁肯按照公约这一想象力较少但可靠性更高的途径进行分析，用公约来证明法律的预期，并集中关注属于 DSB 权限范围内的与贸易相关的核心问题。③

二、冲突条款途径

(一)冲突条款

从国际公法的角度来分析，由于不存一个高于主权国家之上的立法机关和司法机构，在条约冲突发生后如何解决就会成为一个问题。通过在条约中设置"冲突条款"的方式可以明确本条约与本条约当事国所签署的其他国际条约之间关系的条款。通过这一条款可以明确本条约和其他国际条约之间是什么样的关系，进而避免在适用条约过程中出现冲突情形。国际法委员会对冲突条款的含义作出了界定，认为"冲突条款指的是本条约中为了处理与其他条约规定或者其他同一事项条约之间关系的条款"。④ 适用这一条款有一前提，就是条约必须存在冲突，因此首要的工作就是要判断冲突是否真实存在。当冲突真实存在时，冲突条款的作用在于确定发生冲突的条约哪一个优先适用。

解决条约冲突最有效的途径之一是在条约中规定冲突条款。冲突条款解决条约冲突的优点主要有三个方面：首先，在条约中约定"冲突条款"这种方法较为简便，在条约的谈判、草拟过程中就可以较为顺利地进行；其次，"冲突条款"是缔约各方在谈判中磋商的结果，以书面的形式在条约中加以明确规定可以反映缔约方的真实意图，也体现了对缔约方的尊重，这一方式具有法律约束力；再次，冲突条款的内容是具体明确的，可以让缔约方对条约冲突后的法律后果有一个较为明确的预期，使冲突得以顺利解决。⑤

冲突条款在条约中主要是作为条约正文中的条款存在，当然还有其他的形式，可以出现

---

① Tania Voon, UNESCO and the WTO: A Clash of Cultures? *International and Comparative Law Quarterly*, 2006, Vol. 55, pp. 635~651.

② WTO Appellate Body Report, EC Measures Concerning Meat and Meat Products (Hormones), WT/DS26/AB/R, WT/DS48/AB/R, adopted 16 January, 1998, para. 177 (referring to the specific context of the SPS Agreement).

③ Article 3(2) of the DSU.

④ Yearbook of the International Law Commission 1966, Vol. II, p. 214, para. 2.

⑤ 廖诗评:《条约冲突的基本问题及其解决方法》，载《法学家》2010 年第 1 期。

在条约的附件或前言中。国际条约文本中的冲突条款种类繁多,在表述方式和实质内容上差别较大,所起的作用也不一定相同。条约中的冲突条款有的规定本条约在所涉及的范围内优先适用,有的则是规定其他相关的条约优先适用。国际法委员会在其报告中把冲突条款分为以下几类:"禁止缔结不兼容后立条约的条款;明确允许后订'兼容'约的条款;后立条约中规定它'不影响'先订条约的条款;后立条约中规定在缔约方中本条约推翻先订条约的条款;后立条约中明确废除先订条约的条款;后立条约中明确维持先订兼容条约的条款以及承诺未来协议将废除先订条约的条款。"①

(二)冲突的判断

判断冲突存在与否,根据狭义的观点,"两个国际协定之间不存在冲突,除非它们实施了互斥的义务";换句话来说,不可能同时遵守两个协定。通过采取措施保护文化多样性,而这一措施为 WTO 所允许,这就不需要运用 UNESCO 公约作为一个抗辩的理由,这一WTO 成员可以同时遵守 WTO 之下的义务和 UNESCO 公约之下的义务。

这一解释可能将阻止成员采取在 UNESCO 公约中所允许采用的一些措施,例如最低本土内容要求是属于 UNESCO 公约第 6.2(b)条所承认的权利,然而这一措施却与 GATT 1994 或 GATS 之下的国民待遇义务相冲突。通过合作生产协议这一方式授予部分成员而非所有的 WTO 成员以特殊利益,这一措施应属于 UNESCO 公约第 12 条"促进国际合作"所规定的义务,然而与 GATT 1994 或 GATS 之下的最惠国待遇义务相冲突。

从广义的观点来看,在这一情形下确实能引起一个冲突,因为它不可能执行在第二个协定中授予的权利而不违反第一个协定,如果不相冲突的话,"就会出现不断提升在国际法上的义务,这一义务远远超过国际法上的权利"。换个角度来说,如果两个规则或原则提出了处理同一问题可以采用不同的方法,那就可以认为存在冲突。根据这一观点,如果 WTO 协定禁止某一项措施,而 UNESCO 公约鼓励或允许这一措施的话,在 WTO 协定与 UNESCO 公约之间就会出现一个冲突。

如果两个明显存在冲突的规定存在于两个不同的法律文件之中,而其中之一有明确规定指出其从属于另一法律性文件,这一情形下则冲突就容易解决。根据 VCLT 第 30(2)条的规定,后一个法律性文件则具有优先权。UNESCO 公约第 20.2 条规定,本公约的任何规定不得解释为变更缔约方在其为缔约方的其他条约中的权利和义务,这表明 UNESCO 公约不能为违反 WTO 义务提供一个正当的辩护理由,即使是 UNESCO 公约第 20.1 条规定它不隶属于任何其他条约。

(三)冲突的解决

UNESCO 公约的第五部分主要调整公约与其他法律文件的关系,其中的第 20 条专门表明"与其他条约的关系",这一条规则也体现了"相互支持"与"互为补充"的精神。根

---

① 国际法委员会研究组的报告:《国际法不成体系问题:国际法多样化和扩展引起的困难》,第 268 段。

据《维也纳条约法公约》在第 30.2 条①,规定明确了效力顺序时条约的效力问题。从理论上分析,同为 WTO 和 UNESCO 公约的缔约方,在先订的条约未对条约的位阶作出规定的前提下,应理解为后订的条约比先订的条约在效力上具有优先性。但是 UNESCO 公约的第 20.2 条②明确指出了这一公约不得作出变更在其他条约之下的义务这一解释,因此可以看出此规定可能与这一部分中的其他某些规定产生冲突,因为这一规定就暗含着 UNESCO 公约的实际效力可能低于其他的国际协议,这就与公约"前言"中所规定的"不隶属"这一原则性的规定似乎存在矛盾。为解决这一矛盾,就需要借助于《维也纳条约法公约》第 31、32 条所规定的"文义解释、目的解释、历史解释"等解释方法对这一条款的含义作出解释。"有学者认为,此条款意味着公约没有任何条款可以修改其他条约规定的权利和义务;但也有学者认为,公约虽不能改变其他国际协议中所规定的权利与义务,但是它的实质地位是与其他国际协议平行的。但是,我们也很难据此来判断,UNESCO 公约是低于 WTO 协议的"③。

第 20.1 条规定"缔约方应促使本公约与其为缔约方的其他条约相互支持";"缔约方解释和实施其为缔约方的其他条约或承担其他国际义务时应考虑到本公约的相关规定"。④ 第 21 条进一步规定,"缔约方承诺在其他国际场合倡导本公约的宗旨和原则。为此,缔约方在需要时应进行相互磋商,并牢记这些目标与原则。这两个要求仅在不包括变更其他条约下的权利和义务时适用"⑤。

UNESCO 公约中涉及了争端解决以及与其他法律文书之间关系的规定,这也是最有争议的部分之一,这一争议在随后的公约版本中被加以修改,并最终淡化。例如,在早期的草案中包括了把争端提交到 ICJ 解决的可能性⑥,以及 UNESCO 公约将优先于现有的其他法律文件(除了那些与知识产权相关的),因为履行这些法律文件中的权利和义务将会导致对文化表现多样性的严重损害或威胁⑦。

---

① 参见《维也纳条约法公约》第 30.2 条。"遇条约订明须不违反先订或后订条约或不得视为与先订或后订条约不合时,该先订或后订条约之规定应居优先。"

② See Article 20 of the UNESCO Convention.

③ 郭玉军、李洁:《论国际法中文化与贸易冲突的解决——以 2005 年 UNESCO〈保护和促进文化表现形式多样性公约〉为中心》,载《河北法学》2008 年第 6 期。

④ Article 20 of the UNESCO Convention.

⑤ Article 21 of the UNESCO Convention.

⑥ UNESCO, Preliminary Draft Convention on the Protection of the Diversity of Cultural Contents and Artistic Expressions: Preliminary Report of the Director-General. CLT/CPD/2004/CONF.201/1 (July 2004) art. 24.

⑦ UNESCO, Preliminary Draft Convention on the Protection of the Diversity of Cultural Contents and Artistic Expressions: Preliminary Report of the Director-General. CLT/CPD/2004/CONF.201/1 (July 2004) art. 19(option B).

第四节　中美文化产品争端的反思

一、争端的内容

依据以往的经验,当一国人均 GDP 超过 1000 美元时,其国民的消费结构就会发生根本性的变化,即精神文化消费支出的增长会大大高于物质消费支出的增长。① 2011 年,我国人均国内生产总值达到 35083 元,扣除价格因素,比 2002 年增长 1.4 倍,年均增长 10.1%。按照平均汇率折算,我国人均国内生产总值由 2002 年的 1135 美元上升至 2011 年的 5432 美元。② 因此中国有对文化产品进口的需要,而且市场极为广阔。中国也积极地参与到文化产品的贸易之中。从 20 世纪 90 年代初开始,中国就开始成为国际贸易中的重要角色。从 20 世纪 90 年代中期开始,中国的贸易差额出现顺差。核心文化产品的情况也是如此,2003 年中国以出口额 58 亿美元而进口额仅为 13 亿美元成为净出口国。③ 2003 年时在中国的核心文化产品进口贸易中,美国以 22.2% 的比例居于向中国出口核心文化产品国家的首位。④

针对国外的文化产品进入中国的市场,国务院、文化部等机构从 2001 年到 2006 年先后出台了一系列的关于文化产品的进口、分销等方面的规定。美国为了更加自由地进入中国的文化产品市场,扩大占有的份额,享受更加公平的待遇,根据 DUS 第 4 条和 GATS 第 22 条,2007 年 4 月 10 日,美国正式要求与中国就影响部分出版物和视听娱乐产品贸易权和分销服务措施进行磋商(以下简称"中美文化产品争端")。2007 年 4 月 25 日,欧盟要求加入磋商。2007 年 10 月 10 日,美国要求建立专家组;2007 年 11 月 27 日,争端解决机构应美国请求设立专家组;欧盟和日本宣布,它们保留第三方权利;随后,澳大利亚、韩国和中国台北也宣布保留第三方权利;在经过多次磋商未达成结果的情况下,美国诉诸争端解决专家组予以裁决。2008 年 3 月 27 日专家组成立;经过长达 3 年的诉讼,2010 年 1 月 19 日 DSB 最终通过了上诉机构的报告和经修改的专家小组报告。

---

① 孙家正:《为什么要大力发展我国文化产业》,载《经济日报》2005 年 2 月 5 日第 005 版。
② 马建堂:《科学发展 铸就辉煌》,载《求是》2012 年第 12 期。
③ 张晓明、尹昌龙、李平:《国际文化产业发展报告》(第 1 卷),社会科学文献出版社 2007 年版,第 26 页。
④ 参见张晓明、尹昌龙、李平:《国际文化产业发展报告》(第 1 卷),社会科学文献出版社 2007 年版,第 26 页。

中美文化产品争端主要涉及两个方面的问题①：第一，美国代表团认为中国采取了多种措施把进口供影院放映的电影、录音产品和出版物、家庭视听娱乐产品的权利保留给了政府指定的企业以及国有企业，并没有向所有中国企业、外国企业或外国个人开放，这一做法与 GATT 的规定不符合，同时也与中国《加入议定书》中的承诺不符。主要涉及的条款有《加入议定书》第5.1条的贸易权承诺，以及《中国加入工作组报告书》第83(d)、84(a)、84(b)中的开放贸易权的承诺不符。第二，美国代表团认为，就文化产品分销服务而言，美国认为中国所实施的相关措施与在 GATS 中所作的承诺不符。这些措施对提供服务的外国提供商实施市场准入限制或实行歧视。②

(一) 对"贸易权"理解的分歧

在这一案件中，中国采取了"渠道限制"的手法对文化产品的进口进行限制。对文化产品贸易进行"渠道限制"主要是指在贸易权上的限制措施。"渠道限制"的规定涉及中国《文化部关于实施〈互联网文化管理暂行规定〉有关问题的通知》中所规定的"……各地暂不受理外商投资互联网信息服务提供者申请从事互联网文化活动"；以及《文化部关于网络音乐发展和管理的若干意见》，该意见第8条规定"……禁止设立外商投资的网络文化经营单位"。③ 美国认为中国对提供"文化产品"分销服务的外国供应商所实施市场准入限制或实行歧视的若干措施，违反了中国在加入 WTO 时有关贸易权的承诺。根据《加入议定书》第5条的规定④，"在不损害中国以与符合《WTO 协定》的方式管理贸易的权利的情况下，中国应逐步放宽贸易权获得及其范围，以便加入后3年内，使所有在中国的企业均有权在中国的全部关税领土内从事所有货物的贸易，但附件2A所列依照本议定书继续实行国营贸易的货物除外。此种贸易权应为进口或出口货物的权利。对于所有此类货物，均应根据 GATT 1994 第3条，特别是其中第4款的规定，在国内销售、许诺销售、购买、运输、分销或使用方面，包括直接接触最终用户方面，给予国民待遇"。可以简单理解为除《加入议定书》附件2A 和附件2B 所列货物外，中国应在加入 WTO 后3年内允许所有在中国的企业从事所有货物的进出口贸易；对所有外国个人和企业，包括未在中国投资或注册的外国个人和企业，在贸易权方面给予这些企业的待遇水平应不低于给予中国国内企业的待遇。

---

① 争端中所涉及的法规大致涉及中国相关的措施包括：(1)关于电影产业的行政管理规定；(2)关于经营电影公司的准入标准的临时规则；(3)关于出版的行政管理规定；(4)关于视听产品的行政管理规定；(5)外国投资产业的分类指南；(6)广播、电影、电视的国家行政管理，发行和出版的统一行政管理的文化部的若干意见，国家发改委和商务部关于文化产业引进外资的若干意见；(7)关于视听产品进口的行政管理措施；(8)中外视听产品合同分销渠道的行政管理措施；(9)关于电子出版物的行政管理规定；(10)关于出版物进口公司的审批和许可程序。WT/DS363/1, G/L/820, S/L/287, April 16, 2007. 翻译参见薛狄、那力：《国际文化贸易的价值冲突和法律选择——由近期中美文化产品进口纠纷引发的思考》，《中国政法大学学报》2009年第2期。

② WT/L/432/, Annex 9, WT/MIN(01)/3/Add. 2.

③ 参见张丽英：《论文化安全与 WTO 框架下的文化产品贸易自由化问题》，载《法学》2011年第7期。

④ 参见《中华人民共和国加入议定书》第5条。

美国对于《加入议定书》第5.1条的解读,认为中国应对所有的企业开放贸易权。中国无权把一些贸易权保留给国有企业或其他的中国企业,因此基于投资来源这一标准对贸易权进行限制与《加入议定书》第5.1条规定不符合。① 对于贸易权的附件2B,现在已不是问题,因为在2004年12月有效期就已届满。根据在HS之下对应的8位编码,美国认为附件2A所列的产品可以总结为84类,而存在争议的产品没有一类在此之内,故中国对进口权的限制与在5.1下的贸易权不符。②

中国对"贸易权"进行了逐字的分析,认为"贸易"一词本身就已包含了"贸易权"。对贸易权进行管理的权利可认为是对于成员方义务的一种例外,中国认为这对于主权而言是至关紧要的,这一权利为实施公共政策留下了空间。③ 美国的观点认为中国对管理贸易权的理解和在结构上应把《加入议定书》第5.1条作为一个整体加以解释的要求不符。第5.1条已经就相关产品的例外作出了说明,指出这些例外产品包含在附件2A和2B中,如果再作出上述解释,那么附件就变得没有任何意义了。而且美国也认为管理贸易的权利并不存在这样的授权,即把某些产品的经营权保留给国营企业。美国认为中国之所以这样解释是想逃避对贸易权所作出的承诺,目的并不是为了管理贸易。第5.1条的语言结构清楚地表明了WTO的缔约方明确无误地承认了一个完整的例外产品的集合,即附件2A和2B。所以中国管理贸易的权利不能延伸到这些附件所列的产品之外。④

(二)文化产品的贸易权

美国认为中国禁止或限制外资企业进口出版物和视听产品的措施违反了在《加入议定书》中的贸易权承诺。根据入世承诺,中国新的《对外贸易法》作出了相应的调整,把原来的审批制修改为登记制⑤,但是对文化产品的进口经营资格仍然实行审批制,并主要由国有独资企业经营。中国认为案件所涉及的中国管理"电影"和"用于出版的视听产品"进口贸易的措施仅涉及电影和视听产品的"内容进口",故这一措施是属于影响服务贸易而非影响货物贸易的措施,因此不受贸易权承诺的限制。专家小组和上诉机构并未接受中国的主张,认为在服务和货物之间不存在明显的区别,相关义务也不是相互排斥的。在"加拿大期刊"一案中,上诉机构就认定,期刊是包含编辑内容和广告内容的货物。编辑内容和广告内容均具有服务性质,但它们最后合起来形成了期刊本身。即使没有在GATS下作出承诺,同样也不影响第3条的适用⑥。同样,即使电影胶片和母带的实体与提供相关服务的权利同时进口,也并不意味着中国涉案措施不会对货物及进口商产生影响,而且这种影响是不可避免的。⑦

---

① WT/DS363/R,para.7.228.
② WT/DS363/R,para.7.238.
③ WT/DS363/R,para.7.240.
④ WT/DS363/R,para.7.242.
⑤ 参见2004年《中华人民共和国对外贸易法》第9条。
⑥ Appellate Body Report,Canada-Periodicals. 17.
⑦ 陈卫东、石静霞:《WTO体制下文化政策措施的困境与出路——基于"中美出版物和视听产品案"的思考》,载《法商研究》2010年第4期。

就文化产品的分销问题,美国认为中国所采取的措施也与入世承诺不符合,但中国认为"录音制品的分销服务"仅针对于实物的形式,所涉及的"网络音乐服务"是一种无形的形态,与"录音制品"完全不同。但专家小组认为在当前 GATS 框架下,如果对一项服务部门或分部门作出承诺,则该成员对该部门所涉及的通过电子传输的视听产品的贸易承担市场准入和国民待遇的义务;并认为在中国加入 WTO 之时,录音电子分销技术已经存在,因此录音制品的分销包括电子分销。[①]

在这一争端中,中国承认报纸、书籍、期刊等出版物受制于贸易权的规制,但提出主张认为可以援引"公共道德"例外排除适用国民待遇。根据前面的分析,我们可以看出适用这一例外需要的三个要件。在中美文化产品案中,专家小组和上诉机构认为存在一个"合理的可替代措施",即由政府从事内容审查作为排除外资企业贸易权,因此未能满足上述的条件,公共道德例外不能作为依据。

在这一争端中,中国首次主张以 UNESCO 公约和 UNESCO 宣言来论证需要保护目标的重要性。但专家小组和上诉机构并未专门讨论这一问题,可以看出,专家小组和上诉机构的态度还是比较慎重的[②]。

二、中国文化产品贸易规制的反思

通过中美文化产品贸易争端这一案例,再次确认了本文前面所得出的结论,在 WTO 的框架下,除了 GATT 1994 第 4 条之外并不存在针对文化产品特殊待遇的条款;"公共道德例外"在现有的案例中很难成为一个成功的抗辩理由;UNESCO 公约用作抗辩的理由还面临着重重困难。面对中国在此案中的失利,今后如何对本国的文化进行保护,笔者认为可以从以下几个方面在 WTO 现有的体制下加以解决。

(一)市场准入限制

从中美文化产品争端案中我们可以看出,专家小组和上诉机构将视听服务扩大到了以电子方式传播的文化产品,所提出的理由是为了推动 WTO 本身所强调的服务贸易自由化,而不是维护各成员的文化政策。在 GATS 体制下,当前只有 26 个 WTO 成员对视听服务部门作了不同程度的承诺。[③] 在这 26 个成员中,大多数国家只对文化产业的部分领域作出了开放的承诺。这些承诺主要是影视、音像制品、书报刊的分销以及影视拍摄服务,在其他的领域大多数国家还是持谨慎态度的。考虑到上诉机构和专家组的意见,成员从保护本国文化的角度出发,可供采取的做法有以下三种:(1)对视听产品服务完全不作承诺;(2)进行承诺时将相关视听产品明确限定为实物形态的产品或明确排除非实物形态的产品;(3)进行承诺时明确排除相关视听服务的互联网和手机网络提供方法。中国政府

---

① 陈卫东、石静霞:《WTO 体制下文化政策措施的困境与出路——基于"中美出版物和视听产品案"的思考》,载《法商研究》2010 年第 4 期。
② 在上文中就此问题已作过分析。
③ 参见 WTO 的官网:www.wto.org。

可以采取三种做法中的任何一种来保护本国的文化产品。

(二)文化产品的内容审查制度

在本案中,美国及专家小组都认可中国对出版物的内容审查权,同时认为出版物的内容审查和进口可以分别进行。在中国计划放开出版物进口权的前提下,强化内容审查机构和程序要求,包括高素质的人员要求,这是可行的。从今后的努力方向上来看,可以强化出版物进口单位的要求、义务和责任。另外,中国政府还可以通过提前报批制度,来增加政策的裁量权,以此将进口单位的功能压缩到最低的程度。

(三)补贴

在货物贸易中,补贴被视为扭曲贸易最小的一个保护措施,其次是关税,最后是配额。从经济方面考虑,在服务贸易领域补贴同样是比配额更好的一种方式。① 经常性的补贴对于追求非经济性的目标是最为有效的一种手段,② 所以,对于保护不是过于追求经济目标的文化产品,补贴这一措施最为有效。虽然有国民待遇义务的要求,但是在特定的条件下也可以允许对视听产品提供补贴,这些针对国外服务或服务提供商的歧视性待遇在法理上和事实上都是允许的③。由于 GATS 目前尚未达成有关补贴问题的具体规则,因而对文化服务产业采取贷款优惠和税收减免等政策属于 WTO 成员应享有的自主性。④ 可以通过经常性的补贴方式来保护中国的文化产品。

(四)配额

电影放映限额是 GATT 1994 所明确承认的,在中国入世的法律文件中针对外国分账进口影片数量作出如下描述⑤:"在不损害与中国关于电影管理的法规的一致性的情况下,自加入之时起中国将允许以分账形式进口电影用于影院放映,此类进口的数量应为 20 部,三年后将配额增加到 50 部。"

从这一承诺可以看出,中国的电影配额制度主要针对进口电影的数量作出了限制性规定,但是有关电影放映的时间、地点却没有具体限制。中国可以参考其他国家的做法,对这些因素可以作出限制,对于电影这一文化产品进行保护。

(五)促进文化产品出口

促进本土文化产品的出口是各国普遍的做法,并且这一措施也得到了 WTO 和联合

---

① UNCTAD & World Bank, Liberalizing International Transactions in Services: A Handbook, 1994, pp. 53~55.

② Bernard Hoekman, Toward a More Balanced and Comprehensive Services Agreement, in the WTO After Seattle. *Jeffrey J. Schott ed.*, 2000, p. 129.

③ Tania Voon, A New Approach to Audiovisual Products in the WTO: Rebalancing GATT and Gats, *UCLA Entertainment Law Review*, Winter 2007. p. 22.

④ 陈卫东、石静霞:《WTO 体制下文化政策措施的困境与出路——基于"中美出版物和视听产品案"的思考》,载《法商研究》2010 年第 4 期。

⑤ 参见《中华人民共和国服务贸易具体承诺减让表第 2 条最惠国豁免清单》。

国教科文组织的《保护和促进文化表现形式多样性公约》承认。中国可以制定鼓励文化产品和服务出口的相关政策,修订与文化产品和服务出口有关的法律法规,为中国的文化产品出口创造有利的条件,增强中国文化产品的竞争力。

总之,在以后有关货物贸易开放的谈判中,可以尽可能地对进口文化产品采取较高的关税;对文化产品的进口可以实行配额措施;除此之外还可以把文化产品列入国有贸易的范围。在以后的服务贸易开放磋商中,可以把视听服务整体或部分排除在具体承诺表之外;对出版物和视听产品的分销服务不作承诺;将相关文化服务列入最惠国待遇豁免清单;对本国保护的文化行业实行准入限制。①

本 章 小 结

贸易与文化之间存在冲突,主要是由于WTO所追求的目标在于贸易的自由化,而UNESCO公约则出于对文化表现方式多样性这个角度考虑而对文化进行保护,二者在价值追求上存在冲突。持贸易自由化观点的学者指责文化保护是贸易保护主义的借口,尽管UNESCO公约所倡导的文化主权可能成为贸易保护主义的借口,但是基于以下两方面的原因,二者之间的冲突可能并没有想象中的那么严重。第一,UNESCO公约的主旨并不在于限制文化产品贸易,相反,还鼓励不同文化间的对话,以保证世界上的文化交流更广泛和均衡,促进不同文化间的相互尊重与和平文化建设。在UNESCO公约许多条款中这种鼓励都有所体现,比如说第7条规定国家应努力在其领域内创造合适的环境,以利于获取本国境内及世界其他国家的不同的文化表现形式;第14条包括旨在允许来自发展中国家的文化活动、产品与服务进入全球市场,尤其是发达国家市场的更有力的措施。这些条款支持以文化为基础的贸易扩展,而非贸易限制。第二,由于公约自身具有调节冲突的机制,主要体现在文化多样性公约第五部分,其中第20条规定了公约与其他国际法律文件的关系。UNESCO公约的缺憾在于大部分条款的约束力不强,没有为缔约方设置强制性法律义务或责任。

WTO与UNESCO公约所存在的冲突主要表现在法律适用上的冲突。主要表现在这些方面:首先,UNESCO公约的第6条通过列举的方式为缔约国创设了权利,这些权利允许缔约国可以采取相应的措施以保护文化多样性。但是这些权利若与WTO的原则或与缔约方在WTO之下的承诺相违背,如何加以解决便成为不得不面对的问题。其次就是UNESCO公约第12条规定可能在不同的缔约方之间形成差别待遇,与最惠国待遇相冲突。再次,在UNESCO公约之下的权利能否作为在WTO争端解决机制下的抗辩理由,UNESCO公约第20条的规定就起了关键的作用。但是第20条的规定在解释时会引起很多的问题,涉及了条约解释,特别是DSB如何解释的问题。如何解决这些冲突,笔者认为可以考虑尝试加入一个连接点,无论是实质性的还是程序性的,让WTO与

---

① 陈卫东、石静霞:《WTO体制下文化政策措施的困境与出路——基于"中美出版物和视听产品案"的思考》,载《法商研究》2010年第4期。

UNESCO公约建立起一种联系,以便其最终由WTO专家小组和上诉机构来解决这一冲突。具体来说可用以下方式加以执行:一种可行的方式是将文化例外加入WTO协定的文本中,类似于现有的对于健康和环境的关注。另外也可以建议对WTO协定的序言加以修订,在可持续发展之后增加文化多样性的目标。这将允许专家小组和上诉机构在解释有争议的贸易措施时,谨记文化多样性目标,在这些冲突中对存在争议的利益加以平衡。

从中国目前的文化产品贸易的现状来看,我们还不具备用完全市场化的机制来促进中国文化的发展和保护中国本土文化。中国加入WTO之后,文化产业的重要性在中国日益得到重视并已被提升为国家的战略性产业,在积极寻求WTO体制下进行文化保护适度空间的同时,振兴本国的文化产业并促进其国际竞争力才能凸显一国的文化身份和软实力,这也是保护和促进世界范围内的文化多样性的根本之道。①

---

① 陈卫东、石静霞:《WTO体制下文化政策措施的困境与出路——基于"中美出版物和视听产品案"的思考》,载《法商研究》2010年第4期。

参考文献

一、中文类

1. 梁治平:《法律的文化解释》,生活·读书·新知三联书店,1994年版。
2. 陈立虎:《当代国际贸易法》,法律出版社2007年版。
3. 谢晖:《法学范畴的矛盾辨思》,山东人民出版社1999年版。
4. 李其荣:《美国文化解读:美国文化的多样性》,济南出版社2005年版。
5. 吕学武、范周产主编:《文化创意产业前沿理论:碰撞与交融》,中国传媒大学出版社2007年版。
6. [美]杰姆逊:《后现代主义与文化问题》,唐小兵译,北京大学出版社2005年6月版。
7. 郑成思:《版权法》,中国人民大学出版社1997年版。
8. 汤宗舜:《知识产权的国际保护》,人民法院出版社1999年版。
9. 佟家栋:《贸易自由化、贸易保护和经济利益》,经济科学出版社2002年版。
10. 许育典:《文化宪法与文化国》,台湾元照出版社2006年版。
11. 陈立虎、黄涧秋:《保障措施法比较研究》,北京大学出版社2006年版。
12. 谈世中等编:《经济全球化与发展中国家》,社会科学文献出版社2002年版。
13. 徐显明主编:《法理学教程》,中国政法大学出版社1994年版。
14. 黑格尔:《法哲学原理》,范杨等译,商务印书馆1961年版。
15. [奥]阿·菲德罗斯等:《国际法》,李浩培译,商务印书馆1981年版。
16. [英]罗伊德:《法律的理念》,张茂柏译,台北市联经出版事业公司1984年版。
17. [意]但丁:《论世界帝国》,朱虹译,商务印书馆1985年版。
18. [美]杰克·唐纳利:《普遍人权的理论与实践》,王浦劬、张文成等译,中国社会科学出版社2001年版。
19. [英]戴维·M. 沃克:《牛津法律大辞典》,李双元等译,光明日报出版社1988年版。
20. 邵津主编:《国际法》,北京大学出版社2000年版。
21. 王贵国:《世界贸易组织法》,法律出版社2003年版。
22. 哈耶克:《自由秩序原理》(上册),邓正来译,生活·读书·新知三联书店1997年版。
23. 哈耶克:《个人主义与经济秩序》,贾堪等译,北京大学出版社1989年版。
24. 哈耶克:《法律、立法与自由》(第二、三卷),邓正来等译,中国大百科全书出版社2000年版。
25. 邓正来:《哈耶克法律哲学研究》,法律出版社2002年版。
26. 梁西:《国际组织法》,武汉大学出版社2001年版。
27. 郭瑜:《国际经济组织法教程》,北京大学出版社2002年版。
28. 张文显:《法学基本范畴研究》,中国政法大学出版社1993年版。
29. 李其荣:《美国文化解读:美国文化的多样性》,济南出版社2005年版。
30. 汪尧田、周汉民主编:《关税与贸易总协定总论》,中国对外经济贸易出版社1992年版。
31. 薛荣久主编:《国际贸易》,对外经济贸易大学出版社2003年版。
32. 赵维田:《世贸组织(WTO)的法律制度》,吉林人民出版社2000年版。
33. 张文显:《二十世纪西方法哲学思潮研究》,法律出版社1996年版。

34. [美]罗纳德·德沃金:《认真对待权利》,信春鹰、吴玉章译,中国大百科全书出版社1998年版。
35. 李怀亮:《国际文化贸易概论》,高等教育出版社2006年版。
36. 李怀亮:《代国际文化产品贸易与文化竞争》,广东人民出版社2005年版。
37. 潘嘉玮:《入世界贸易组织后中国文化产业政策与立法研究》,人民出版社2006年版。
38. 石静霞:《WTO服务贸易法专论》,法律出版社2006年版。
39. 周茂荣:《美加自由贸易协定研究》,武汉大学出版社1993年版。
40. 张宝华:《欧洲一体化与欧盟的经济社会政策》,商务印书馆2001年版。
41. 冯军、黄宝忠主编:《版权保护法制的完善与发展基于欧盟经验与中国实践的视角》,社会科学文献出版社2008版。
42. 李浩培:《条约法概论》,法律出版社2003年版。
43. 左海聪:《国际经济法的理论与实践》,武汉大学出版社2003年版。
44. 蒋茂凝:《国际版权贸易法律制度的理论构建》,湖南人民出版社2005年版。
45. [美]塞缪尔·亨廷顿:《文明的冲突与世界秩序的重建》,周琪译,新华出版社1998年版。
46. 张玉国:《国家利益与文化政策当代文化产业论丛》,广东人民出版社2005年版。
47. 花建、巫志南、郭洁敏、王国荣、吴文娟:《文化产业竞争力》,广东人民出版社2005年版。
48. 李怀亮、刘悦笛主编:《文化巨无霸——当代美国文化产业研究》,广东人民出版社2005年版。
49. 胡惠林:《文化产业发展与国家文化安全》,广东人民出版社2005年版。
50. 鞠宏:《媒介产权制度——英美广播电视产权制度变迁及其对我国的启示》,四川大学出版社2006年版。
51. 殷莉:《清末民初新闻出版立法研究》,新华出版社2007年版。
52. 涂昌波:《广播电视法律制度概论》,中国传媒大学出版社2007年版。
53. 李德成主编:《文化传媒业政策法规精解》,法律出版社2006年版。
54. 朱榄叶:《世界贸易组织国际贸易纠纷案例评析》(上下册),法律出版社2004年版。
55. 韩德培:《国际私法新论》,武汉大学出版社1997年版。
56. 《中国加入世界贸易组织法律文件》,法律出版社2002年版。
57. 何建平:《好莱坞电影机制研究》,生活·读书·新知三联书店2006年版。
58. 刘继南主编:《大众传播与国际关系》,北京广播学院出版社1999年版。
59. 夏晓鸣、马卉编著:《传播法概论》,武汉大学出版社2006年版。
60. [美]唐纳德·M.吉尔摩、杰罗姆·A.巴龙、托德·F.西蒙:《美国大众传媒法:判例评析》(上下册),梁宁译,清华大学出版社2002年版。
61. 魏永征、张鸿霞主编:《大众传播法学》,法律出版社2007年版。
62. 李晓东:《文物与法律研究》,河北人民出版社2006年版。
63. 白全贵、师全民主编:《中国传统文化概论》,郑州大学出版社2003年版。
64. 张岱年、方克立:《中国文化概论》,北京师范大学出版社1994年版。
65. 廖诗平:《条约冲突基础问题研究》,法律出版社2008年版。
66. 曾令良、陈卫东:《WTO一般例外条款(GATT第20条)与我国应有的对策》,载《法学论坛》2001年第4期。
67. 周泳:《试论GATT/WTO法律制度和环境保护》,载《南开学报》1998年第3期。
68. 唐澍敏:《论我国应对绿色贸易壁垒的策略》,载《湖南师范大学社会科学学报》2002年第4期。
69. 谢康:《WTO规则例外研究》,载《国际贸易问题》2002年第6期。
70. 李景义:《WTO体制下环境贸易纠纷法律问题浅析》,载《当代法学》2003年第9期。
71. 刘汉鹏、赵航:《GATT 1994第20条中的引言及(b)(g)款的解释》,载《国际关系学院学报》2004

年第5期。

72. 吴峰、李志清：《论 GATT94 第 20 条在实践中的新发展及前景分析——贸易与环境争端的视角》，载《上海理工大学学报（社会科学版）》2004 年第 4 期。

73. 穆忠和：《从美国汽油标准案看 WTO 国民待遇原则的适用》，载《WTO 经济导刊》2004 年第 6 期。

74. 刘小蓓、石应平：《世界文化强国文化产业发展的经验与借鉴》，载《中华文化论坛》2003 年第 2 期。

75. 胡惠林：《我国文化产业创新体系的若干问题》，载《学术月刊》2001 年第 11 期。

76. 李怀亮：《中美文化贸易的新特点及中国入世后的对策》，载《燕山大学学报（哲学社会科学版）》，2002 年第 4 期。

77. 郭灵凤：《欧盟文化政策与文化治理》，载《欧洲研究》2007 年第 2 期。

78. 何琼、许志瑜、郑守桓：《视听服务贸易中的文化政策争议——GATT 1947 第 4 条引发的思考》，载《世界贸易组织动态与研究》2006 年第 12 期。

79. 霍桂桓：《他山之石，可以攻玉——当前西方主要发达国家的文化政策对我们的启示》，载《民族艺术研究》2003 年第 5 期。

80. 周斌：《论文化产业政策的建构与创新》，《江苏大学学报（社会科学版）》2005 年第 4 期。

81. 刘健珍：《浅议新世纪中国文化产业的发展走势》，载《学习论坛》2003 年第 2 期。

82. 马冉：《论 WTO 自由贸易体制内文化政策的选择空间——兼论中国文化政策措施的建议》，载《河南省政法管理干部学院学报》2009 年第 2 期。

83. 马冉：《文化贸易领域欧洲政策法规研究》，载《广西政法管理干部学院学报》2009 年第 3 期。

84. 尚柏花：《论加入 WTO 与文化政策创新》，载《河南社会科学》2002 年第 4 期。

85. 马冉：《加拿大的文化产业政策措施评析》，载《辽宁行政学院学报》2009 年第 11 期。

86. 马冉：《〈保护和促进文化表现形式多样性公约〉与 WTO 规则的冲突与协调》，载《郑州大学学报（哲学社会科学版）》2009 年第 5 期。

87. 宋蒙：《从"文化例外"看当前深化文化体制改革中的几个问题》，载《东南大学学报（哲学社会科学版）》2009 年第 1 期。

88. 王晓德：《全球自由贸易框架下的"文化例外"——以法国和加拿大等国抵制美国文化产品为例》，载《世界经济与政治》2007 年第 12 期。

89. 何向：《浅谈法国民族主义与其文化政策》，载《湖南省社会主义学院学报》2006 年第 3 期。

90. 马冉：《浅议文化多样性在 WTO 中的发展》，载《世界贸易组织动态与研究》2006 年第 7 期。

91. 黄安平：《论中美文化贸易争端中的若干法律问题》，载《世界贸易组织动态与研究》2009 年第 7 期。

92. 李宁：《"自由市场"还是"文化例外"——美国与法—加文化产业政策比较及其对中国的启示》，载《世界经济与政治论坛》2006 年第 5 期。

93. 单万里：《法国"文化例外"主张的衰亡》，载《读书》2004 年第 7 期。

94. 郭玉军、马明飞：《论国际投资争端解决中的自然遗产保护》，载《时代法学》2010 年第 1 期。

95. 吴汉东：《文化多样性的主权、人权与私权分析》，载《法学研究》2007 年第 6 期。

96. 郭玉军、李洁：《论国际法中文化与贸易冲突的解决——以 2005 年 UNESCO〈保护和促进文化表现形式多样性公约〉为中心》，载《河北法学》2008 年第 6 期。

97. 傅谨：《〈文化多样性公约〉与中国的国家立场》，载《博览群书》2004 年第 10 期。

98. 姚新超：《保障文化多样性与 WTO 规则的冲突及其协调措施建议》，载《国际贸易问题》2008 年第 6 期。

99. 李发耀：《论非物质文化遗产持有人权利保护的内容及其形式——当前立法焦点分析》，载《贵州师范大学学报（社会科学版）》2009年第1期。

100. 张骞：《UNESCO文化多样性公约与WTO规则之冲突初探》，载《绍兴文理学院学报（哲学社会科学版）》2010年第6期。

101. 艾素君：《国际法框架下文化与贸易的冲突与调和》，载《上海大学学报（社会科学版）》2008年第5期。

102. 赵有广：《我国对外文化贸易逆差及其原因分析》，载《国际贸易》2006年第10期。

103. 刘江华：《我国文化产品贸易现状及应对》，载《对外经贸实务》2005年第12期。

104. 薛狄、那力：《国际文化贸易的价值冲突和法律选择——由近期中美文化产品进口纠纷引发的思考》，载《中国政法大学学报》2009年第2期。

105. 韩立余：《文化产品、版权保护与贸易规则》，载《政法论坛》2008年第3期。

106. 张斯宁：《当前我国图书输出的主要形式及利弊》，载《东南传播》2010年第4期。

107. 成林：《中韩文化产品贸易研究》，载《商业经济》2009年第6期。

108. 李程：《中国文化产品贸易现状、问题及对策》，载《黑龙江对外经贸》2009年第8期。

109. 马冉：《GATT 1994第4条"银幕配额"规则评析》，载《河南社会科学》2009年第4期。

110. 霍步刚：《中国文化贸易偏离需求相似理论的实证检验》，载《财经问题研究》2008年第7期。

111. 刘晓旭：《文化比较优势视野下的国际贸易发展》，载《时代经贸（下旬刊）》2008年第11期。

112. 徐振强：《法国力主保护文化产品贸易》，载《瞭望新闻周刊》2001年第47期。

113. 黄立：《评析世界贸易组织争端解决机构对荷尔蒙案的裁决》，载《政大法学评论》1998年第6期。

114. 彭岳：《WTO协定中公共道德例外简评》，载《南京大学法律评论》2007年第Z1期。

115. 马冉：《GATT 1994文化贸易产品待遇条款评析》，载《世界贸易组织动态与研究》2010年第4期。

116. 洪涓、刘柳：《我国出版业文化产品对外贸易状况分析》，载《价格月刊》2010年第7期。

117. 王世春、叶全良：《"非市场经济地位"与对华反倾销对策性研究》，载《财贸经济》2005年第5期。

118. 武长海：《评美国反补贴法修改及对我国的影响和对策》，载《经济研究参考》2005年第80期。

119. 陈俊红：《与转基因农产品贸易有关的国际协定研究》，载《农业经济问题》2002年第11期。

120. 方明：《论WTO特殊保障措施及我国的应对策略》，载《世界经济与政治论坛》2005年第5期。

121. 王胜伟、许开华、金栋：《〈中国入世议定书〉第十五条研究》，载《法制与经济》2006年第4期。

122. 吴晓明：《成本会计在反倾销中应用的几点思考》，载《财会月刊》2005年第11期。

123. 马庆钰：《中国农业入世应对策略》，载《经济研究参考》2002年第15期。

124. 张淑钿：《论GATT 1994第3条国民待遇原则中"同类产品"的认定——以日本酒税案、智利酒税案、韩国酒税案、欧共体石棉案为视角》，载《时代法学》2006年第2期。

125. 刘彤：《WTO框架下的环境标签法律制度研究》，载《法学杂志》2007年第1期。

126. 武长海：《美国修改反补贴法及我国的应对措施》，载《地方财政研究》2005年第11期。

127. 孙法柏：《论GATT第3条下的"相同产品"及相关问题》，载《山东科技大学学报（社会科学版）》2004年第3期。

128. 冯兵、黄涧秋：《论WTO争端解决活动中的法律解释》，载《法学评论》2002年第1期。

129. 翁国民、蒋奋：《论WTO规则的法律解释方法——兼谈国际条约法的解释理论在WTO争端解决机制中的运用》，载《当代法学》2004年第5期。

130. 那力、仲欣欣：《论WTO争端解决机制的"司法化"趋势》，载《当代法学》2002年第4期。

131. 张乃根：《论WTO争端解决的条约解释》，载《复旦学报（社会科学版）》2006年第1期。

132. 林秀芹:《专利当地实施要求的法律思考》,载《法学研究》2003 年第 5 期。
133. 张乃根:《论 TRIPS 协议的例外条款》,载《浙江社会科学》2006 年第 3 期。
134. 韩立余:《世界贸易组织规则的解释》,载《国际贸易问题》2000 年第 3 期。
135. 杨泽伟:《国内法与国际法解释之比较研究》,载《法律科学》1996 年第 5 期。
136. 黄瑶:《论〈联合国宪章〉的解释方法问题》,载《中国法学》2003 年第 6 期。
137. 张乃根:《试析美国针对我国的 TRIPS 争端解决案》,载《世界贸易组织动态与研究》2007 年第 7 期。
138. 那力、孙璐:《发展中国家与贸易——环境问题》,载《法学论坛》2003 年第 3 期。
139. 张乃根:《论中美知识产权案的条约解释(上)》,载《世界贸易组织动态与研究》2008 年第 1 期。
140. 黄东黎:《主张一定的灵活性——国际法条约解释理论与研究》,载《国际贸易》2005 年第 3 期。
141. 张乃根:《论 WTO 争端解决的条约解释》,载《时代法学》2005 年第 6 期。
142. 陈华:《税收条约解释方法的比较研究》,载《中外法学》1999 年第 6 期。
143. 宋杰:《对〈维也纳条约法公约〉关于条约解释规则的再认识》,载《孝感学院学报》2007 年第 1 期。
144. 张新军:《民间对日索赔诉讼上的变迁和中国政府的回应——兼论不干涉原则》,载《清华法学》2007 年第 4 期。
145. 徐崇利:《〈世贸组织协定〉的解释制度评析(二)》,载《国际商务(对外经济贸易大学学报)》2002 年第 2 期。
146. 周泳:《试论 GATT/WTO 法律制度和环境保护》,载《南开学报》1998 年第 3 期。
147. 刘惠荣、杨凡:《国际法视野下的北极环境法律问题研究》,载《中国海洋大学学报(社会科学版)》2009 年第 3 期。
148. 张湘兰、向力:《〈全程或者部分海上国际货物运输合同公约〉对条约冲突的应对》,载《武汉理工大学学报(社会科学版)》2009 年第 2 期。
149. 廖诗评:《国际条约中的冲突条款评析》,载《政治与法律》2007 年第 3 期。
150. 廖诗评:《条约冲突的基本问题及其解决方法》,载《法学家》2010 年第 1 期。
151. 向力:《论海运条约冲突的解决模式——以联合国货物运输法草案为中心》,载《中国海商法年刊》2008 年。
152. 李寿平:《试论空间旅游的若干法律问题》,载《北京航空航天大学学报(社会科学版)》2010 年第 2 期。
153. 王辉:《谈判协商与条约冲突之协调——"贸易—环境"论争语境下相关成案的启示》,载《长江论坛》2010 年第 4 期。
154. 廖诗评:《论国际条约中的"更优条款"》,载《政治与法律》2009 年第 4 期。
155. 彭洁、邓丹荔:《国际经济条约冲突问题及解决——以政府间国际组织协调与合作为视角》,载《法制与社会》2009 年第 23 期。
156. 吴媛媛、苏萃芳:《浅析条约冲突及其解决》,载《法制与社会》2010 年第 1 期。
157. 王波:《浅述条约的效力》,载《法制与社会》2006 年第 15 期。
158. 廖诗评:《条约解释方法在解决条约冲突中的运用》,载《外交评论(外交学院学报)》2008 年第 5 期。
159. 陈亚芸:《EU 和 WTO 预防原则解释和适用比较研究》,载《现代法学》2012 年第 6 期。
160. 吕国民:《WTO 对数字化产品贸易的规制问题探析》,载《河北法学》2006 年第 8 期。
161. 徐崇利:《WTO 贸易议题与社会政策连结的内在途径以农业"多功能性"为例的分析》,载《法律科学》2008 年第 3 期。

162. 张华:《论世贸组织视听产品规则的局限性及其克服》,载《河南社会科学》2009 年第 1 期。

163. 李钊、王舒健:《免征关税对电子商务发展的效应分析》,载《工业技术经济》2009 年第 4 期。

164. 胡炜、徐敏:《从欧盟增值税提案看 WTO 规则对数字化产品税收的适用》,载《河北法学》2002 年第 4 期。

165. 胡炜:《建立电子商务相关的世界知识产权的国际保护标准》,载《世界贸易组织动态与研究》2002 年第 9 期。

二、英文类

1. Tania Voon, A New Approach to Audiovisual Products in The WTO—Rebalancing GATT and GATS, *UCLA Entertainment Law Review*, Winter 2007.

2. Christoph Beat Graber, The New UNESCO Convention on Cultural Diversity—A Counterbalance to The WTO? *Journal of International Economic Law September*, 2006.

3. Henry Gao, The Mighty Pen, the Almighty Dollar, and the Holy Hammer and Sickle—An Examination of the Conflict Between Trade Liberalization and Domestic Cultural Policy with Special Regard to the Recent Dispute Between the United States and China on Restrictions on Certain Cultural Products, *Asian Journal of WTO & International Health Law and Policy*, September 2007.

4. Fiona Smith, The Limitations of a Legal Approach to the Regulation of Cultural Diversity in the WTO—The Problem of International Agricultural Trade, *Asian Journal of WTO & International Health Law and Policy*, March 2008.

5. Mira Burri-Nenova, Trade versus Culture in The Digital Environment—An Old Conflict in Need of A New Definition, *Journal of International Economic Law*, March 2009.

6. Michael Hahn, A Clash Of Cultures? The UNESCO Diversity Convention and International Trade Law, *Journal of International Economic Law*, September 2006.

7. Christopher M. Bruner, Culture, Sovereignty, and Hollywood—UNESCO And The Future of Trade in Cultural Products, *New York University Journal of International Law and Politics*, Winter 2008.

8. Michael Hahn, The Convention on Cultural Diversity and International Economic Law, *Asian Journal of WTO & International Health Law and Policy*, September 2007.

9. Karsie A. Kish, Protectionism to Promote Culture— South Korea And Japan, A Case Study, *University of Pennsylvania Journal of International Economic Law*, Spring 2001.

10. Daisuke Beppu, When Cultural Value Justifies Protectionism—Interpreting the Language of the GATT to Find A Limited Cultural Exception to the National Treatment Principle, *Cardozo Law Review*, March 2008.

11. Laylah Zurek, The European Communities Biotech Dispute—How the WTO Fails to Consider Cultural Factors in the Genetically Modified Food Debate, *Texas International Law Journal*, Spring 2007.

12. Isis Amelia Rose Sien, Beefing up The Hormones Dispute—Problems in Compliance and Viable Compromise Alternatives, *Georgetown Law Journal*, January 2007.

13. Hannu Wager, Reflections on Intellectual Property, Traditional Knowledge and Cultural Expressions Biodiversity, Traditional Knowledge and Folklore—Work on Related IP Matters in the WTO, *Intercultural Human Rights Law Review*, 2008.

14. Sungjoon Cho • Global Constitutional Lawmaking, *University of Pennsylvania Journal of In-*

ternational Law, Spring 2010.

15. Tomer Broude, The World Trade Organization at a Crossroads, Taking "Trade And Culture" Seriously—Geographical Indications and Cultural Protection in WTO Law, *University of Pennsylvania Journal of International Economic Law*, Winter 2005.

16. Oren Perez, The World Trade Organization at a Crossroads, Multiple Regimes, Issue Linkage, And International Cooperation—Exploring the Role of The WTO, *University of Pennsylvania Journal of International Economic Law*, Winter 2005.

17. David A. Yocis, Hardened Positions—Guatemala Cement and WTO Review of National Antidumping Determinations, *New York University Law Review*, October 2001.

18. Phillip Countryman, International Trade and World Health Policy—Helping People Reach Their Full Potential, *Pace International Law Review*, Winter 2009.

19. Alex Khachaturian, The New Cultural Diversity Convention and Its Implications on the WTO International Trade Regime—A Critical Comparative Analysis, *Texas International Law Journal*, Fall 2006.

20. Young-Gyoo Shim, Intellectual Property Protection of Biotechnology and Sustainable Development in International Law, *North Carolina Journal of International Law and Commercial Regulation*, Winter 2003.

21. Moran, United States' Trade Policy and the Exportation of United States' Culture, *Vanderbilt Journal of Entertainment Law and Practice*, Winter 2004.

22. Carl Erik Heiberg, American Films in China—an Analysis of China's Intellectual Property Record and Reconsideration of Cultural Trade Exceptions Amidst Rampant Piracy, *Minnesota Journal of International Law*, Winter 2006.

23. Nicholas R. Monlux, Copyright Piracy on The High Seas of Vietnam—Intellectual Property Piracy in Vietnam Following WTO Accession, *AIPLA Quarterly Journal*, Spring 2009.

24. Alexandra Basak Russell, Using Geographical Indications to Protect Artisanal Works in Developing Countries— Lessons from a Banana Republic's Misnomered Hat, *Transnational Law and Contemporary Problems*, Spring 2010.

25. Chi Carmody, Creating "Shelf Space"—NAFTA's Experience with Cultural Protection and Its Relevance for the WTO, *Asian Journal of WTO & International Health Law and Policy*, September 2007.

26. David Collins, A New Role for the WTO in International Investment Law—Public Interest in the Post-Neoliberal Period, *Connecticut Journal of International Law*, Fall 2009.

27. Ari Afilalo, The World Trade Organization's Anti-Discrimination Jurisprudence—Free Trade, National Sovereignty, and Environmental Health in the Balance, *Georgetown International Environmental Law Review*, Summer 2003.

28. Xiaohui Wu, China—Measures Affecting Trading Rights and Distribution Services for Certain Publications and Audiovisual Entertainment Products (WT/DS363/AB/R), *Chinese Journal of International Law*, June, 2010.

29. Gregory Shaffer, The Trials of Winning at the WTO—What Lies Behind Brazil's Success, *Cornell International Law Journal*, Summer 2008.

30. Eun Sup Lee, Anti-Competitive Practices As Trade Barriers Used by Korea and Japan, *Transnational Lawyer*, 2004.

31. Rostam J. Neuwirth, The Fragmentation of the Global Market—the Case of Digital Versatile Discs (DVDs), *Cardozo Arts and Entertainment Law Journal*, 2009.

32. Claire Wright, Reconciling Cultural Diversity and Free Trade in the Digital Age—A Cultural Analysis of the International Trade in Content Items, *Akron Law Review*, 40th Anniversary Edition, 2008.

33. Debra P. Steger, The Culture of The WTO—Why It Needs to Change, *Journal of International Economic Law*, September 2007.

34. Phoenix X. F. Cai, Think Big and Ignore the Law—U.S. Corn and Ethanol Subsidies and WTO Law, *Georgetown Journal of International Law*, Spring 2009.

35. Susan K. Sell, SARS, Public Health, and Global Governance The Quest for Global Governance in Intellectual Property and Public Health—Structural, Discursive, and Institutional Dimensions, *Temple Law Review*, Summer 2004.

36. Edmund H. Chiang, The UNESCO Convention on the Protection and Promotion of the Diversity of Cultural Expressions— A Look at the Convention and Its Potential Impact on the American Movie Industry, *Washington University Global Studies Law Review*, 2007.

37. Karen Halverson Cross, King Cotton, Developing Countries and the "Peace Clause"—the WTO's Us Cotton Subsidies Decision, *Journal of International Economic Law*, March 2006.

38. Jeremy C. Marwell, Trade and Morality—the WTO Public Morals Exception After Gambling, *New York University Law Review*, May 2006.

39. Ljiljana Biukovic, WTO Selective Adaptation of WTO Transparency Norms and Local Practices in China and Japan, *Journal of International Economic Law*, December 2008.

40. Gregory C. Shaffer, The World Trade Organization Under Challenge— Democracy and the Law and Politics of the WTO's Treatment of Trade and Environment Matters, *Harvard Environmental Law Review*, 2001.

41. Marie-Claire Cordonier Segger, Markus W. Gehring, The WTO and Precaution—Sustainable Development Implications of the WTO Asbestos Dispute, *Journal of Environmental Law*, 2003.

42. Amy J. McMaster, Human Rights at the Crossroads—When East Meets West, *Vermont Law Review*, Fall 2004.

43. David Winickoff, Sheila Jasanoff, Lawrence Busch, Robin Grove-White, Brian Wynne, Adjudicating the Gm Food Wars—Science, Risk, and Democracy in World Trade Law, *Yale Journal of International Law*, Winter 2005.

44. Debra M. Straus, Feast or Famine—The Impact of the WTO Decision Favoring the U.S. Biotechnology Industry in the Eu Ban of Genetically Modified Foods, *American Business Law Journal*, Winter 2008.

45. Jeffrey L. Dunoff, Global Trade Issues in the New Millennium, The WTO in Transition—of Constituents, Competence And Coherence, *George Washington International Law Review*, 2001.

46. Tomer Broude, The Rule(s) of Trade and the Rhetos of Development— Reflections on the Functional and Aspirational Legitimacy of the WTO, *Columbia Journal of Transnational Law*, 2006.

47. Riccardo Pavoni, The Interpretation of Treaties—A Re-examination Mutual Supportiveness as a Principle of Interpretation and Law-Making—A Watershed for The "WTO-And-Competing-Regimes" Debate? *European Journal of International Law*, August 2010.

48. A. Ford, The Beef Hormone Dispute and Carousel Sanctions— A Roundabout Way of Forcing

Compliance with World Trade Organization Decisions, *Brooklyn Journal of International Law*, 2002.

49. José E. Alvarez Steve Charnovitz, The Boundaries of the WTO Triangulating the World Trade Organization, *American Journal of International Law*, January 2002.

50. Fiona Smith, A Distinction Without A Difference—Exploring the Boundary Between Goods and Services in the World Trade Organization and the European Union, *Columbia Journal of European Law*, Winter 2005/2006.

51. Aaron Judson Lodge, Globalization—Panacea for the World or Conquistador of International Law and Statehood? *Oregon Review of International Law*, Spring 2005.

52. Michelle Agdomar, Removing the Greek from Feta and Adding Korbel to Champagne—The Paradox of Geographical Indications in International Law, *Fordham Intellectual Property, Media and Entertainment Law Journal*, Winter 2008.

53. Donald McRae, Measuring the Effectiveness of the WTO Dispute Settlement System, *Asian Journal of WTO & International Health Law and Policy*, March 2008.

54. Kevin C. Kennedy, Global Trade Issues in the New Millennium Foreign Direct Investment and Competition Policy at the World Trade Organization, *George Washington International Law Review*, 2001.

55. Andrea Kupfer Schneider, Where Should Global Social and Regulatory Policy Be Made? Unfriendly Actions—The Amicus Brief Battle at the WTO, *Widener Law Symposium Journal*, Spring 2001.

56. Cinnamon Carlarne, From the USA with Love—Sharing Home-Grown Hormones, Gmos, and Clones with a Reluctant Europe, *Environmental Law*, Spring 2007.

57. Michael J. Trebilcock, Critiquing the Critics of Economic Globalization, *Journal of International Law & International Relations*, Winter 2004.

58. Michael Ming Du, Domestic Regulatory Autonomy under the TBT Agreement—From Non-Discrimination to Harmonization, *Chinese Journal of International Law*, July 2007.

59. Jill M. Brannelly, The United States' Grant of Permanent Normal Trade Status to China—A Recipe for Tragedy or Transformation? *Suffolk Transnational Law Review*, Summer 2002.

60. Tania Voon, Open for Business? China's Telecommunications Service Market and the WTO, Andrew Mitchell, *Journal of International Economic Law*, June 2010.

61. Jacqueline D. Krikorian, Planes, Trains and Automobiles—The Impact of the WTO "Court" on Canada in Its First Ten Years, *Journal of International Economic Law*, December 2005.

62. Padideh Ala'i, The WTO and The Anti-Corruption Movement, *Loyola University Chicago International Law Review*, Fall/Winter 2008.

63. S. G. Sreejith, Public International Law and the WTO—A Reckoning of Legal Positivism and Neoliberalism, *San Diego International Law Journal*, Fall 2007.

64. Nils Meier-Kaienburg, The WTO's "Toughest" Case—An Examination of the Effectiveness of the WTO Dispute Resolution Procedure in the Airbus—Boeing Dispute over Aircraft Subsidies, *Journal of Air Law and Commerce*, Spring 2006.

65. Joost Pauwelyn, Going Global, Regional, or Both? Dispute Settlement in the Southern African Development Community (Sadc) and Overlaps with the WTO and Other Jurisdictions, *Minnesota Journal of Global Trade*, Summer 2004.

66. Sophie M. Clavier, Food Fight at the WTO—Can the Precautionary Principle Reconcile Liberal-

ization and Public Fear? *International Trade Law Journal*, Summer 2008.

67. Matthew Schaefer, Sovereignty, Influence, Realpolitik and the World Trade Organization, *Hastings International and Comparative Law Review*, Summer 2002.

68. Patrick A. Messerlin, Mini-Symposium on the Consultative Board's Report on the Future of the WTO— Three Variations On "The Future Of The WTO", *Journal of International Economic Law*, June 2005.

69. Peter M. Gerhart, The Two Constitutional Visions of the World Trade Organization, *University of Pennsylvania Journal of International Economic Law*, Spring 2003.

70. Sungjoon Cho, Doha's Development, *Berkeley Journal of International Law*, 2007.

71. Hongjun Zhang, The Challenges of Reforming an Environmental Legal Culture— Assessing the Status Quo and Looking at Post-WTO Admission Challenges for The People's Republic of China, *Georgetown International Environmental Law Review*, Spring 2002.

72. Joel P. Trachtman, Regulatory Jurisdiction and the WTO, *Journal of International Economic Law*, September 2007.

73. Jane Kelsey, World Trade and Small Nations in the South Pacific Region, *Kansas Journal of Law and Public Policy*, Winter 2005.

74. Article Gabrielle Marceau, WTO Dispute Settlement and Human Rights, *European Journal of International Law*, September 2002.

75. Joost Pauwelyn, A Typology Of Multilateral Treaty Obligations—Are WTO Obligations Bilateral or Collective in Nature? *European Journal of International Law*, November 2003.

76. Elizabeth Trujillo, From Here to Beijing—Public/Private Overlaps in Trade and Their Effects on U.S. Law, *Loyola University Chicago Law Journal*, Spring 2009.

77. Elanor A. Mangin, Market Access In China—Publications and Audiovisual Materials—A Moral Victory with a Silver Lining, *Berkeley Technology Law Journal*, Annual Review 2010.

78. Dongsheng Zang, Textualism In GATT/WTO Jurisprudence—Lessons for the Constitutionalization Debate, *Syracuse Journal of International Law and Commerce*, Spring 2006.

79. Amy Atchison, Keeping Up with New Legal Titles, *Law Library Journal*, Spring 2008.

80. Steve Charnovitz, Rethinking WTO Trade Sanctions, *American Journal of International Law*, October 2001.

81. Jeffrey L. Dunoff, Civil Society At the WTO—The Illusion of Inclusion?, *ILSA Journal of International and Comparative Law*, Spring 2001.

三、网络资源

1. 世界贸易组织：http://www.wto.org
2. 联合国教科文组织：http://www.unesco.org
3. 美国商务部：http://www.commerce.gov/
4. 中国商务部：http://www.mofcom.gov.cn/
5. 联合国：http://www.un.org

后　记

科学史上曾经有这样一个广为传颂的有关伟大科学家爱因斯坦"第三张小板凳"的故事。本书也是历经数次修改的第三张"小板凳"。

本书是在博士论文基础上历经两年时间修改完成的,然而从论题选择到书稿的写作完成,短短的十余万字却经历了漫长的八年时间——因为,攻读博士期间我写了"两本"论文。本文的最初的写作选题得益于暨南大学的刘颖教授,他仔细地分析了我的高等教育知识背景后,建议我从事计算机信息交易方面的法律研究,这成就了本文的写作初衷。"第一张小板凳"就是《计算机信息交易法律问题研究》。在写作过程中,我感受到了该领域的博大精深而难以"hold",而文化产品国际贸易的问题非常突出,遂转而选择该分支领域进行深入研究,逐渐成文。在论文写作期间,由于外文翻译资料的缺乏,又一个大胆的想法映入脑海:"为什么不将那些优秀的外文成果翻译过来?"于是,就有了《*Cultural Product and the World Trade Organization*》一书为期一年的全文翻译,它是本文的"第二张小板凳"。本书所引用该作品和其他外文资料,均系一手翻译之后的引用。因资质愚钝、才疏学浅,只能秉持"笨鸟先飞"的理念,力求耐心细致的完成"第三张小板凳"——博士学位论文的撰写,战战兢兢、如履薄冰。谨以本书的出版,感谢在漫长写作过程中,我的导师邓瑞平教授和所有给予我鼓励、指导的教授、学者们,感谢你们的理解、认同、鼓励和支持!

光阴流转,该书的写作时光也是与自己对话、与世界对话的历程,是在体会做学问珍贵的孤独中形成领略、鉴别的学术眼光的过程。就从此文始,持续凝聚坚持向上的勇气与力量。感谢父母所给予的高雅教育和人生榜样;感谢我的挚友——夫人蒋亚娟博士,谢谢你来到我身边,同学习、共甘苦,谨以此文,致青春。

本文的出版,正值厦门大学出版社最忙的夏季暑期,特别感谢厦门大学出版社的施高翔副社长、甘世恒主任和邓臻编辑为本书出版所付出的关注和辛勤的劳动!

2013 年 7 月 7 日

图书在版编目(CIP)数据

文化产品国际贸易法律问题研究/张华著. —厦门:厦门大学出版社,2013.7
(西南国际法学术文库)
ISBN 978-7-5615-4734-2

Ⅰ.①文… Ⅱ.①张… Ⅲ.①艺术品-国际贸易-贸易法-研究 Ⅳ.①D996.1

中国版本图书馆 CIP 数据核字(2013)第 181531 号

厦门大学出版社出版发行

(地址:厦门市软件园二期望海路 39 号 邮编:361008)

http://www.xmupress.com

xmup xmupress.com

沙县方圆印刷有限公司印刷

2013 年 7 月第 1 版 2013 年 7 月第 1 次印刷

开本:787×1092 1/16 印张:9 插页:2

字数:208 千字 印数:1~1 200 册

定价:26.00 元

本书如有印装质量问题请直接寄承印厂调换